만남의 지혜

만남의

양광모 지음

지혜

서툰 사람들의
인간관계를 열어주는
31가지 비밀

중앙 **books**
JoongAng Ilbo

사람 때문에 성공하고 사람 때문에 실패한다

'인간관계'라는 키워드에 이끌려 관련 분야의 활동을 시작한 지도 어느덧 8년이 지났다. 그야말로 강산이 한 번 변할 만한 시간이 지난 셈인데, 그동안의 공과를 따져보자면 그다지 마음이 편해지지는 않는다. 물론 외형적인 면에서 보면 제법 자랑해도 좋을 만한 성과가 있었다.

먼저 다수의 책과 강의 시디를 출간했다. 인맥관리, 인간관계에 관한 총론·각론별로 대략 20여 권 정도의 책을 세상에 선보였으니 짧은 기간에 꽤 여러 권의 책을 집필한 셈이다. 강의도 많이 했다. 청와대, 삼성, 현대, 서울대를 비롯해 국내 유수의 기업과 단체, 학교에 출강했고 휴먼네트워킹, 갈등관리 등의 동영상 강좌를 개설했다. 자연스럽게 언론방송을 통해 인맥관리 전문가로 소개되었고, 2010년에는 한국HDR협회에서 수

여하는 명강사대상을 수상하기도 했다. 부족한 실력에 비해 과분한 평가를 받은 셈이니 비교적 행복한 여정이었다고 말할 수 있겠다.

그럼에도 아직까지 해결하지 못한 숙제, 한 가지 아쉬움이 늘 가슴에 남아 있다.

"어떻게 하면 사람들의 대인관계를 획기적으로 변화시킬 수 있을까?"

사실 이 질문은 지금 이 글을 쓰고 있는 내게도 해당된다. 애초에 내가 인간관계의 중요성을 뼈저리게 느낀 이유는 파란만장했던 내 삶에 찾아온 숱한 성공과 실패, 행복과 불행의 경험들 덕분이었다. 어떤 때는 사람 때문에 손쉽게 성공을 거뒀고, 어떤 때는 사람 때문에 애써 쌓아올린 공든 탑이 한순간에 실패로 무너져버렸다. 어떤 때는 사람 때문에 가슴 가득 행복감을 느꼈고, 어떤 때는 사람 때문에 너무나 괴롭고 고통스러웠다. 특정인에 대한 분노와 원망이 뼛속까지 사무쳐 잠을 이루지 못하고 뒤척이던 밤도 많았다.

이런 일들을 겪으며 나는 성공과 행복은 모두, 전적으로 인간관계에 달려 있다는 생각을 굳히게 되었다. 사람과의 인연에 따라 인생의 길흉화복이 결정된다고 믿기 시작했다. 그것이 내가 인간관계에 대한 집필과 강의 활동에 전념하며 살겠다고 결심한 계기다.

그런데 지난 8년 동안 깨달은 심각한 문제는 한 개인의 대인관계가 생각처럼 쉽게 변하지 않는다는 사실이었다. 굳이 다른 사람의 사례를 들

것 없이 내 경우를 고백해보겠다. 나는 아직도 타인에 대해 매우 무관심하고, 지나칠 정도로 이기적이며, 자주 타인과의 갈등을 유발한다. 그리고 너무 손쉽게 사람들과의 인연을 끊어버리곤 한다. 분명 머릿속으로는 그렇게 하면 안 된다는 것을 알면서도 몸은 정반대로 행동하는 것이다. 이는 인간관계론에서 대인성향이라고 부르는, 어렸을 적부터 내 몸에 배인 버릇이 잘 고쳐지지 않기 때문에 나타나는 현상이다.

그렇다면 다른 사람들은 어떨까? 사소하나마 몇 가지 이론이라도 더 많이 알고, 8년이라는 세월 동안 꾸준히 대인관계 개선을 위해 노력해온 내가 그 정도라면 1년에 두 시간 내외의 교육을 받을까 말까 한 일반인들은 두말할 필요도 없을 것이다. 그야말로 하늘의 별 따기만큼이나 어려운 것이 대인관계를 향상시키는 일이다. 내가 이 책을 쓰게 된 이유가 바로 여기에 있다.

지금까지 나는 여러 주제와 형식을 통해 대인관계를 향상시킬 수 있는 방법들을 소개해왔다. 인간관계론을 중심으로 집필한 책도 있고, 심리학에 초점을 맞춘 책도 있으며, 커뮤니케이션 스킬을 강조한 책도 있다. 또 어떤 책은 사람의 마음을, 어떤 책은 공감을, 어떤 책은 기대감을 중점적으로 다루기도 했다. 이제 그 모든 책들을 최종 정리해보자는 생각으로, 어쩌면 내가 쓰는 마지막 인간관계 저서가 되기를 바라는 마음으로 이 책을 쓴다.

결론은 한 가지, 온고지신溫故知新이다. 조금 극단적으로 들릴 수도 있겠지만 인간관계에 새로운 것이란 없다. 모두가 옛것이며 이미 우리가 알고 있는 내용들이다. 성공적인 인간관계의 비결로 손꼽히는 관심, 존중, 경청, 배려, 미소, 인사, 칭찬, 감동, 기브 앤 테이크Give & Take……. 이들 중 어디에 새로운 덕목이 들어 있는가? 하나같이 역사 이래 누구나 알고 있고, 누구나 귀에 따갑게 들어온 단어들이다. 결국 인간관계에 서투르고 좋은 인간관계를 맺지 못하는 것은 몰라서가 아니라 알면서도 실천을 하지 않기 때문이다. 그런 차원에서 생각해본다면 우리가 노력해야 할 일은 온고지신, 옛것을 익히고 그것으로 미루어 새것을 아는 지혜면 충분할 것이다.

그래서 나는 이 책에 우리에게 교훈이 될 만한 동서고금의 대인관계 사례[溫故]에 현대적인 이론[知新]을 덧붙여 인간관계의 원칙과 비결을 담았다. 꼼꼼하게 읽는다면 직장이나 사회생활에서 유용하게 활용할 수 있는 팁들을 얻을 수 있을 것이다.

그렇지만 내가 강조하고 싶은 사항은 이 책을 나침반이나 지도가 아닌 거울로 생각하라는 점이다. 이제는 더 이상 어디로 가야 한다거나 어떻게 해야 한다고 구체적인 대인관계의 기술을 일러주는 책은 필요 없다. 지금 당신이 올바르게 관계 형성을 하고 있는지에 대한 모습을 정확하게 비춰줄 수 있다면 충분할 것이다. 옛사람들의 사례를 통해 온고지신할 수 있는 책 한 권, 그리고 그 책을 반면교사 삼아 꾸준하게 실천해나간다면 누구나 어렵지 않게 좋은 인간관계를 맺고 유지시켜 나갈 수 있으리라고 나는 믿는다.

이 책이 나오기까지 많은 분의 도움이 있었다. 먼저 소중한 출간 기회를 제공해준 중앙북스 여러분께 깊은 감사를 전한다. 언제나 변함없는 성원을 보내주시는 부모님과 아내, 희진, 희재에게 사랑의 마음을 전한다. 오랜 친구들, 그리고 트위터·페이스북·카스토리 등 소셜네트워크를 통해 인연을 맺은 친구들과도 출간의 기쁨을 함께 나누고 싶다. 무엇보다 이 책에 인용된 여러 사례와 이론의 주인공들에게 감사한다. 하늘 아래 새로운 것이 없다는 말처럼 이 책의 많은 부분은 이미 존재했던 것들이며 나는 거기에 약간의 새로운 해석을 덧붙였을 따름이다. 아무쪼록 한 걸음 더 진일보한 책이 되길 소망한다.

마지막으로 독자 여러분께 당부하고픈 말이 있다. 첫째, 사람보다 중요한 것은 세상에 아무것도 없다는 사실을 기억했으면 한다. 둘째, 사람의 인연이 성공과 행복, 운명을 결정한다는 사실을 기억했으면 한다. 이 두 가지 사실만 잊지 않는다면 누구와도 좋은 관계를 맺을 수 있을 것이다. 그리고 이 책이 그 두 가지 사실을 잊어버리지 않도록 도와줄 것이다.

2013년 6월
푸른고래 양광모

차 례

2

길은 잃어도
사람은
잃지 말라

친구란 그의 슬픔을 내가 등에 짊어지고 가야 할 사람이라고
생각할 때 비로소 참된 우정이 만들어진다. 당신은 자신의 등에
그의 슬픔을 기꺼이 짊어지고 가고 싶은 친구가 있는가?

그의 슬픔을
내 등에
짊어질 수 있다면

그런 사람을 가졌는가

기원전 4세기경. 그리스에 사는 피시아스라는 젊은이가 중대한 잘
못을 저질러 교수형에 처해지게 되었다. 효심이 깊었던 피시아스는
늙은 부모에게 마지막 작별인사를 할 수 있도록 며칠만 풀어줄 것
을 요청했지만, 도주할지 모른다는 생각에 왕은 그 부탁을 들어주지
않았다. 그러자 피시아스의 친구 다몬이 왕에게 찾아와 간청했다.
"피시아스가 부모님을 만나고 돌아올 때까지 제가 인질로 감옥에
갇혀 있겠습니다. 만약 그가 돌아오지 않는다면 제가 대신 교수형
을 받겠습니다."
왕은 피시아스를 풀어주고 다몬을 옥에 가두었다. 하루, 이틀, 사흘.

시간이 흘러 마침내 교수형을 집행하는 날이 밝았다. 그렇지만 피시아스는 돌아오지 않았다. 어쩔 수 없이 다몬의 목에 밧줄을 거는 순간 저 멀리서 피시아스가 말을 타고 달려오며 큰 소리로 외쳤다. "홍수 때문에 길이 막혀 이제야 돌아왔습니다. 다몬을 풀어주십시오."

두 사람의 우정에 감동한 왕은 피시아스와 다몬을 석방시키며 이렇게 말했다.

"내가 가진 모든 것을 다 주어도 좋으니 이런 친구와 한번 우정을 나눠보고 싶구나."

진정한 친구 혹은 진실된 우정을 나타내는 사례로 널리 알려져 있는 예화다. 처음 이 이야기를 들었을 때 가슴이 뭉클해지면서 '내게도 다몬과 같은 친구가 있다면 얼마나 좋을까' 하고 생각했던 기억이 떠오른다. 당신은 어떠한가? 아마도 비슷하지 않을까 싶다. 우리가 꿈꾸는 진정한 우정의 이미지는 대부분 이와 유사하다. 함석헌 선생이 쓴 「그 사람을 가졌는가」라는 시에서는 그런 모습이 좀 더 상세하게 나타난다. 시는 묻는다. 만 리 길을 나설 때 처자를 내맡기고 마음 놓고 갈 만한 사람, 온 세상이 다 나를 버려 마음이 외로울 때 믿어지는 사람, 탔던 배가 꺼질 때 구명대를 서로 사양하는 사람, 불의의 사형장에서 저만은 살려두라 일러줄 사람, 세상 떠날 때 저 하나 있으니 웃으며 눈을 감을 사람, 온 세상이 찬성할 때 아니라고 머리를 흔들어 유혹을 물리쳐줄 사람을 가졌느냐고.

만 남 의   지 혜

척박하고 고단한 인생길, 쓸쓸하고 외로운 인생길을 걸어갈 때 이런 친구 한두 명이 내 곁에 있다면 얼마나 든든하고 따뜻하고 가슴 벅찬 일이겠는가. 이 책을 읽고 있는 당신은 그런 친구를 가졌는가? 없다면 그런 친구를 만들고 싶은가? 그것도 가능하다면 아주 많이? 틀림없이 당신의 대답은 '그렇다'일 것이다. 그런데 나는 조금 다른 관점에서 이야기해보고자 한다.

나는 MBN의 〈황금알〉이라는 시사토크 프로그램에 출연한 적이 있다. 그날의 주제는 '그리운 친구'였다. 주로 어린 시절의 친구, 동창회 등에 관한 이야기를 소재로 진실한 우정에 관한 가벼운 대화를 나누는 시간이었다. 이런저런 이야기가 오가는 중에 한 출연자가 인디언 속담을 언급했다. '친구란 내 슬픔을 자신의 등에 짊어지고 가는 자'라는. 그 말을 듣고 나는 즉시 반론을 제기했다. 이후로 참석자들 간에 갑론을박이 길게 이어졌는데, 요점만 압축해서 옮기자면 '친구란 그의 슬픔을 내 등에 짊어지고 가야 할 자'라는 것이 내가 말하고자 했던 핵심이었다.

한때 나는 수천 명의 조합원을 이끄는 노동조합위원장이었다. 한때는 몇 개의 사업체를 동시에 운영했고, 한때는 시민단체의 간부로 일했다. 또 한때는 지방자치선거에 출마한 적도 있다. 지금도 나는 회원이 1만 명 이상인 인터넷 카페를 운영하고 있으며, 페이스북에서 맺은 친구도 9000명이 넘는다. 내 휴대폰에는 7500명의 연락처가 저장되어 있고, 카톡 친구는 3100명을 넘는다. 지금까지 정말 무수히 많은 사람을 만났고, 참으로 다양한 인연을 경험해보았다. 50여 년의 인생을 통해 우정과 배신, 호의와 적의, 선연과 악연, 인간관계에서 발생하는 모든 단맛과 쓴맛을 실제로 겪어보았다. 그런 과정을 통해 내가 분명하게 깨달은 것은 성공적인 인간관계, 진정한 우정이란 반드시 자기중심적인 생각에서 벗어나야만 가능하다는 사실이다.

다시 한 번 생각해보자. 다몬과 같은 사람이 바로 인디언 속담에서 말하는 친구, 함석헌 선생의 시에서 말하는 그런 사람일 것이다. 그런데 우리가 잘 헤아리지 못하는 문제가 있다. 그것은 내가 늘 피시아스가 아니라 때로는 다몬이 될 수 있다는 것. 아니, 때로는 다몬이 되어야만 한다는 사실이다. 즉 어떤 경우에는 내가 교수형에 처해 목숨을 잃을 수 있는 위험을 감수하며 친구 대신 인질로 잡혀 있어야 한다. 그래야 진정한 우정이라고 말할 수 있을 것이다. 그런데도 사람들은 다몬이 처할 위험은 전혀 생각지 않고 오직 피시아스의 입장에서만 생각한다. 그러면서 "내게도 다몬과 같은 친구가 있다면 얼마나 좋을까!"라며 한탄한다.

안타깝게도 이런 태도가 진정한 친구를 만들지 못하는 가장 결정적인 이유로 작용한다. 인디언 속담처럼 친구를 자신의 등에 내 슬픔을 짊어지고 가야만 하는 사람으로 생각하는 한 진정한 우정은 만들어지지 않는다. 오히려 정반대로 친구란 그의 슬픔을 내가 등에 짊어지고 가야 할 사람이라고 생각할 때 비로소 참된 우정이 만들어진다. 사회에서 흔히 말하는 '기브 앤 테이크' 원리와 비슷하다. 내가 그의 슬픔을 등에 짊어지고 갈 때만이 그도 내 슬픔을 자신의 등에 짊어지고 가려 할 것이니까 말이다.

솔직히 말해서 나 역시 다몬과 같은 친구가 몇 명이나 있을지에 대해서는 자신이 없다. 아니, 그런 친구를 바라고 싶지도 않다. 부모, 아내, 자식, 이루지 못한 꿈 등 아직 인생을 살면서 해야 할 중요한 일들이 많을 텐데 그런 것을 다 버리고 오직 나를 위해 목숨을 바칠 것을 기대한다면 그 또한 지나친 욕심이자 이기심 아닐까? 오히려 그보다는 그의 슬픔을 내 등에 짊어지고 가고 싶은 사람, 그가 어떤 어려움에 처했을 때 내가 반드시 도와야지 하는 마음이 생기는 사람을 나는 내 친구라고 생각한다. 실제로 이런 기준에 의해 내가 인연을 맺고 있는 사람들을 헤아려본 적이 있다. 나를 위해 목숨까지 버릴 사람은 많지 않았지만, 그의 슬픔을 내가 등에 짊어지고 가고 싶은 사람의 수가 100명은 넘었다. 그것만으로도 나는 복 받은 인생이라고 생각한다.

지금 내게 다몬과 같은 친구가 없다고 한탄하지 말자. 그보다는 내가 먼저 다몬과 같은 친구가 되겠다고, 내가 먼저 친구의 슬픔을 등에 짊어지고 가겠다고 결심하자. 그것이 진정한 우정을 만들고 성공적인 인간관계를 형성하는 핵심 비결이다. 당신은 자신의 등에 그의 슬픔을 기꺼이 짊어지고 가고 싶은 친구가 있는가?

친구에 관한 명언

- 친구란 두 개의 육체에 깃든 하나의 영혼. - 아리스토텔레스

- 친구를 갖는다는 것은 또 하나의 인생을 갖는 것이다. - 그라시안

- 친구란 나의 부름에 대한 메아리. - 법정스님

- 친구는 나의 기쁨은 배로 하고, 나의 슬픔은 반으로 줄인다. - 키케로

- 한 명의 진실한 친구는 천 명의 적이 우리를 불행하게 만드는 것 이상으로
  우리를 행복하게 한다. - 에센 바흐

- 한 인간이 일생을 행복하게 살 수 있도록 하기 위해 삶이 제공하는 것 중에
  서 가장 위대한 것은 우정이다. - 알랭 드 보통

- 빛과 공기가 남아 있고, 친구와 사랑이 남아 있으면 절망할 일이 무엇이
  랴. - 괴테

- 친구 한 사람 없는 인생은 목격자 없이 맞이하는 죽음처럼 쓸쓸하고 비참
  하다. - 조지 허버트

- 친구를 만들지 않고 사는 사람은 벼랑 끝에서 잠자는 나그네와 같다.
  - 스페인 속담

- 오랜 친구가 좋은 이유 중 하나는 그들 앞에서는 바보가 되어도 좋기 때문
  이다. - 랄프 왈도 에머슨

- 사람은 친구와 한 숟가락의 소금을 나누어 먹었을 때 비로소 그 친구를 알
  수 있다. - 미겔 데 세르반테스

만 남 의   지 혜

● 면전에서 비판할 수 있는 친구를 가진 선비는 절대 명성을 잃지 않는다.
　─ **중국 속담**

● 친구를 고르는 데는 천천히, 친구를 바꾸는 데는 더욱더 천천히.
　─ **벤저민 프랭클린**

● 오래 찾아야 하고 잘 발견이 안 되며 유지하기도 힘든 것이 친구다. ─ **실러**

● 누구와도 친구가 되려는 사람은 누구의 친구도 될 수 없다. ─ **프페퍼**

● 이 세상에는 세 가지 친구가 있다. 하나는 그대를 사랑하는 친구고, 또 하
나는 그대를 잊어버린 친구며, 마지막 하나는 그대를 미워하는 친구다.
　─ **상포르**

● 친구 하나도 만족시켜주지 못하는 사람이 이 세상에서 성공한다는 것은 도
저히 있을 수 없는 일이다. ─ **헨리 데이비드 소로**

● 나의 청춘 시절을 신선하게 새벽처럼 유지시켜준 것은 결국 우정뿐이었
다. 지금도 나는 이 세상에서 남자들 사이의 성실하고 훌륭한 우정만큼 멋
진 것도 없다고 생각한다. 인생을 살아가며 고독에 빠졌을 때 청춘에의 향
수가 나를 엄습한다면 그것은 오로지 학창 시절의 우정 때문일 것이다.
　─ **헤르만 헤세**

사람에서 시작된다

봉생마중 불부이직蓬生麻中不扶而直, 백사재날 여지구흑白沙在涅與之俱黑.

쑥이 삼밭에서 자라면 부축해주지 않아도 똑바르게 자라고,

흰모래가 검은 흙과 섞이면 함께 검어진다.

사람은 길이요, 스승이요, 향기 나는 꽃이다. 인생의 길흉화복은 모두 타인과의 인연에서 비롯되며, 사람은 다른 사람과 함께 더불어 살아갈 때에만 비로소 사람이라고 불릴 수 있는 것이다. 그런데 우리는 인간관계를 보통 세 가지 관점으로 바라본다.

첫째로 '사람이 재산'이라고 생각하는 것이다. 사회에서 말하는 '인ㅅ테

크'는 대부분 이러한 관점에서 출발하는데, 성공을 위해 사람이 중요하다는 것이다. 몇 가지 조사결과를 살펴보자.

미국 보스턴 대학교에서 일곱 살 어린이 450명의 일생을 40년에 걸쳐 추적 조사한 결과, 성공과 출세에 가장 중요하게 영향을 준 요인은 다른 사람과 어울리는 능력이었다. 두 번째로는 좌절을 극복하는 태도였고, 세 번째로는 감정을 조절하는 능력이었다.

카네기멜론 공과대학에서 1만 명의 사람들을 대상으로 조사한 바에 따르면 지능이나 재능, 기술이 성공에 미치는 영향은 15퍼센트에 불과했다. 나머지 85퍼센트는 긍정적 사고, 열정, 대인관계 능력이었다.

퍼듀대학교 공학부에서는 졸업생을 대상으로 연봉 수준을 조사했는데, 그 결과 학업 성적이 우수한 그룹에 속했던 학생과 학업 성적이 열등한 그룹에 속했던 학생 간의 연봉 차이는 200달러에 불과한 반면에 대인관계가 뛰어났던 그룹의 학생들은 우수한 그룹의 학생보다는 15퍼센트, 열등한 그룹의 학생보다는 33퍼센트 정도 연봉이 더 많았다고 한다.

삼성경제연구소에서 성공한 CEO들을 대상으로 '당신이 CEO 자리에 오를 수 있었던 가장 중요한 요인은 무엇입니까?'라고 한 질문에 가장 높은 비율(29.2%)을 차지한 답변은 '대인 지능이 뛰어났기 때문'이었다. 이런 조사결과들은 한결같이 사람과 인간관계의 중요성을 성공의 관점에서 해석하고 있다.

두 번째는 '사람이 운명'이라고 생각하는 것이다. 쑥과 흰모래가 어떤 주변 환경에 놓여 있느냐에 따라 모양과 색깔이 달라지듯이 사람도 어떤 사람과 어울리느냐에 따라 운명이 달라진다고 믿는 것이다. 일찍이 당나라 시인 백낙천은 『고문진보古文眞寶』에서 "백년의 고락이 남을 따라 생기는구나. 인생행로의 어려움이여, 산 넘기보다 어렵고 물 건너기보다 어렵구나"라고 말했다. 예를 들어보자.

대통령 직에서 퇴임한 클린턴이 힐러리와 함께 차를 몰고 여행하던 중 주유소에 들르게 되었다. 기름을 넣고 나서 계산을 하려는데, 주유소 사장의 얼굴을 보니 대학생 시절 힐러리가 사귀던 남자친구였다. 몇 마디 대화를 주고받은 뒤 주유소를 빠져나오면서 클린턴은 의기양양한 표정으로 힐러리에게 말했다.

"당신이 내가 아닌 저 사람과 결혼했다면 지금쯤 주유소 사장 부인이 되어 있었겠지?"

그 말을 들은 힐러리는 이렇게 대꾸했다.

"천만에. 저 사람이 나와 결혼했다면 지금쯤 주유소 사장이 아니라 미국 대통령이 되어 있었겠지."

영국 런던 템스 강에서 한 부잣집 소년이 수영을 하다가 급류에 휘말려 익사할 위험에 처했다. 소년은 다급한 목소리로 외쳤다.

"살려주세요! 강물에 빠졌어요!"

마침 근처에서 밭을 매던 한 농부가 그 소리를 듣고 달려와 소년을 구해주었다. 얼마 후 사람들의 전갈을 받고 달려온 소년의

만 남 의   지 혜

할아버지가 농부에게 말했다.

"아이의 생명을 구해준 은혜를 갚고 싶으니 소원이 있으면 말해보시오. 어떤 것이든지 모두 들어주겠소."

농부는 잠시 고민에 잠기더니 이렇게 대답했다.

"제게 아들이 한 명 있는데 어렸을 때부터 의사가 되고 싶어 했습니다. 그런데 집안 형편이 넉넉하지 못해 대학엘 보내지 못했습니다. 아들이 의사가 될 수 있도록 도와주신다면 고맙겠습니다."

가난한 농부의 아들은 성 마리오 의과대학에 입학할 수 있었고, 1945년 노벨생리의학상을 받는 세계적인 미생물학자가 되었다. 한편 가까스로 목숨을 건진 소년은 법대를 졸업한 후 스물여섯이라는 나이에 하원의원에 당선되며 정계에 입문했다. 1940년 5월에는 영국의 수상 자리에까지 올랐다. 그런데 불과 2년 뒤 급성폐렴에 걸려 생명이 위독한 상태에 빠지게 되었다. 당시에는 폐렴을 치료할 수 있는 약이 없어서 한번 병에 걸리면 대부분 목숨을 잃고 마는 매우 절망적인 상황이었다. 이때 기적과도 같은 일이 발생했는데, 세균학 연구에 몰두 중이던 농부의 아들이 페니실린을 발견해 폐렴 치료에 성공함으로써 다시 한 번 소년의 목숨을 구한 것이다.

영국 수상이 된 소년은 윈스턴 처칠(1874~1965년), 처칠의 생명을 구해준 농부의 아들은 알렉산더 플레밍(1881~1955년)이었다.

중국 당나라 승려 도세道世가 지은『법원주림法苑珠林』을 보면 '연심기묘緣尋機妙'라는 말이 있다. '좋은 인연이 더욱 좋은 인연을 찾아 그 발전의 방식이 참으로 기묘하다'는 뜻이다. 이처럼 내가 어떤 사람을 만나느냐에 따라 성공뿐 아니라 인생 전체가 달라질 수 있다는 것이 '사람이 운명'이라는 관점이다.

마지막 세 번째는 '사람이 우주'라고 생각하는 것이다. 내 판단으로는 이것이야말로 사람과 인간관계에 대한 가장 올바른 가치관이 아닐까 한다. 사람이 재산이라는 생각은 지나치게 물질적인 관점에서 인간을 바라보는 것이다. 사람이 운명이라는 생각은 자칫 자기중심적 관점에 빠질 수 있다. 나의 길흉화복에 어떤 영향을 주느냐에 따라 타인과의 관계를 평가하기 때문이다. 잘났건 못났건 하나의 사람이 곧 하나의 우주다.

석가모니가 태어났을 때 일곱 걸음을 걸은 뒤 오른손은 하늘을, 왼손은 땅을 가리키면서 '천상천하유아독존天上天下唯我獨尊'이라고 말했다. '우주 가운데 내가 홀로 존귀하다'는 뜻인데, 이처럼 사람은 모두 이 세상에서 자기 자신이 가장 존귀하다. 그런 만큼 새로운 사람을 만났다면 새로운 우주를 만난 것이요, 누군가에게 아픔을 주었다면 우주 전체에 상처를 입힌 것이요, 누군가가 떠나갔다면 우주 전체와 이별한 것이라고 생각해야 한다. 즉 나를 중심으로 그를 바라보는 것이 아니라 나와 그를 동등하게 놓고 바라봐야 하는 것이다. 인간관계는 우리가 타인을 어떻게 바라보느냐에 따라 결정된다. 모든 사람을 저마다 각기 다른 하나의 우주라고 생각할 때만이 사람과 인간관계의 소중함을 깊이 인식하며 좋은 인연을 맺

만 남 의   지 혜

을 수 있을 것이다.

지금까지 말한 재산 운명, 우주를 하나의 단어로 묶는다면 나는 '사람이 희망'이라고 말하고 싶다. 인생과 운명을 바꿔주고, 실패와 불행 대신 성공과 행복을 가져다줄 수 있다면, 그러한 존재가 바로 희망 아니겠는가.

박노해는 「다시」라는 시에서 희망이, 새 길이, 좋은 세상이 사람 속에 들어 있고 사람에서 시작한다며 다시 사람만이 희망이라고 했다. 길은 잃어도 사람은 잃지 말라는 말처럼, 언제나 사람에 대한 희망을 뜨겁게 간직하자. 사람이 길이요, 사람이 희망이요, 사람이 가장 아름다운 꽃이다.

“

인간은 상호관계로 묶어지는 매듭이요, 거미줄이요, 그물이다.
이 인간관계만이 유일한 문제다.

/ **생텍쥐페리** /

”

03

가장 하찮은 사람, 가장 필요한 사람

맹상군孟嘗君은 중국 제齊나라의 정승이자 정치가로 평안군, 신릉군, 춘신군과 함께 사군자四君子로 불렸다. 그는 천하의 인재 수천 명을 식객食客으로 두고 후하게 대접하며 실력을 과시했다. 맹상군의 명성이 중원에 널리 퍼지자 진秦나라 소왕昭王이 만나고 싶다는 뜻을 알려왔다. 맹상군은 식객들과 함께 진나라로 찾아가 여우의 겨드랑이 털로 만든 호백구를 소왕에게 선물로 바쳤다.

얼마 후 맹상군을 재상으로 발탁하려던 소왕은 마음을 바꿔 그를 죽이려는 계략을 꾸몄다. 맹상군을 재상으로 임용하면 진나라보다는 제나라의 이익을 위해 일할 것이라는 신하들의 모함 때문이었

28

만 남 의 지 혜

다. 위기에 처한 맹상군은 소왕이 아끼는 애첩에게 도움을 요청했
는데, 여인은 도움의 대가로 호백구를 요구했다. 하지만 호백구는
쉽게 구할 수 없는 귀한 물건이어서 맹상군은 깊은 고민에 빠졌다.
그때 식객 중에 개 흉내를 내며 도둑질을 잘하는 자가 찾아와 자신
이 직접 호백구를 구해오겠다고 말했다. 밤이 이슥해지자 그는 개
가죽을 뒤집어쓰고 진나라 궁궐로 숨어 들어가 몰래 호백구를 훔
쳐 돌아왔다. 맹상군은 즉시 이것을 소왕의 애첩에게 가져다주었다.
애첩은 왕에게 나아가 눈물을 흘리며 간청했고, 이에 소왕은 맹상
군을 풀어주도록 명령했다. 맹상군은 즉시 말을 몰아 달아났는데,
또다시 변덕이 생긴 소왕은 병사들을 시켜 맹상군 일행을 쫓게 했
다. 맹상군 일행이 국경에 도착했을 때는 어느덧 밤이 깊었다. 성문
은 굳게 잠겨 있었고 국경의 법으로는 첫 닭이 울어야만 사람들을
출입시키도록 되어 있었다. 맹상군 일행이 어쩔 줄 모르고 우왕좌
왕하고 있을 때 식객 중 한 사람이 닭 울음소리를 흉내 냈다. 그러자
근처의 닭들이 모두 잠에서 깨어나 일제히 울어대기 시작했다. 굳
게 닫혀 있던 성문이 활짝 열렸고, 맹상군은 무사히 제나라로 돌아
갈 수 있었다.

'계명구도鷄鳴狗盜'라는 고사성어에 얽힌 이야기다. 계명구도란 '비굴하
게 남을 속이는 하찮은 재주 또는 그런 재주를 가진 사람'을 일컫는데, 맹
상군의 일화에서도 알 수 있듯이 때로는 가장 하찮은 재주가 가장 귀하고

절실하게 필요해지는 때가 있는 법이다. 개를 가장해 남의 물건을 잘 훔치는 사람, 닭의 울음소리를 잘 흉내 내는 사람이 없었다면 맹상군은 죽음의 위기에서 벗어나지 못했을 것이다.

이처럼 세상에 쓸모없는 사람은 아무도 없다는 사실을 명심해야 한다. 겉보기에는 보잘것없고 아무런 도움이 될 것 같지 않은 사람도 언젠가 기회가 되면 가장 유용한 인재가 될 수 있는 법이다. 도산 안창호 선생 역시 "모난 돌이나 둥근 돌이나 다 쓰임새가 있다"라는 말을 자주 했다. 즉 사람마다 각자 쓰임새가 따로 정해져 있다는 뜻이다.

그런데도 대부분의 사람들은 나이나 지위, 재산, 학식, 기타 여러 가지 조건에 비추어 타인을 차별하여 대한다. 세파에 시달리며 살아가는 사람들의 약하고 간사한(?) 마음이겠지만, 이런 마음으로는 제대로 된 인간관계를 형성할 수 없다. 정현종 시인의 「모든 순간이 꽃봉오리인 것을」이라는 시를 보면 이러한 사람의 마음이 잘 나타나 있다. 시에서 화자는 과거의 일과 과거의 사람, 과거의 물건이 노다지였을지도 모른다며 그 순간에 열심을 다하지 못했음을 후회한다. 그러면서 모든 순간이 다 내 열심에 따라 피어날 꽃봉오리인 것을 몰랐다며 한탄한다.

사실 이런 글을 쓰고는 있지만 나 또한 모든 사람을 내 열심에 따라 피어날 꽃봉오리, 노다지처럼 대하지는 못하고 있으니 부끄러운 일이다. 다만 자꾸 반성하고 또 그런 마음가짐을 가지려고 노력할 따름이다. 새뮤얼 존슨은 "자신과 전혀 이해관계가 없는 사람을 대하는 태도로 그 사람의 인간성을 알 수 있다"라고 말했는데, 클린턴 전 미국 대통령의 일화 중에 그런 태도에 부합되는 것이 있는 듯해 소개한다.

클린턴에게 적대적이던 정치인들이 그와 독대를 하고 나면 매우 호의적인 태도로 변하곤 했다. 이에 호기심을 느낀 한 언론사 간부가 클린턴에게 인터뷰를 요청했다. 마침내 클린턴과 만나 일 대 일로 대화를 나눈 후 언론사 간부는 이렇게 말했다. "클린턴은 세계에서 가장 바쁜 미국의 대통령이다. 그런데도 인터뷰를 하는 20분 동안 그는 마치 이 세상에 나밖에 없다는 듯이 대해주었다. 자기에게 가장 소중한 사람은 오직 '나뿐'이라는 듯……."

한번 생각해보라. 내가 만일 대한민국의 대통령을 20분 동안 만나기로 했다. 그 얼마나 긴장되고 설렐 것인가! 그러면서도 한편으로는 '정말 눈코 뜰 새 없이 바쁜 사람인데 과연 내가 하는 이야기를 관심 있게 들어줄까? 그냥 형식적으로 대충 시간만 때우며 만나는 것은 아닐까?' 하는 생각도 들 것이다. 그런데 막상 만나 보니 그는 마치 이 세상에 나밖에 없다는 듯, 가장 소중한 사람은 오직 나뿐이라는 듯 대해준다면 어떻게 그 사람을 존경하지 않을 수가 있겠는가. 어떻게 그 사람을 친구처럼 따르지 않을 수 있겠는가. 이것이 바로 클린턴이 언론사 간부를 대한 태도요, 맹상군이 3000명에 이르는 식객 한 사람 한 사람에게 가졌던 마음가짐이다.

그리 길지 않은 시간이었지만 지금까지 인생을 살며 느낀 점 중에 하나가 세상은 돌고 돈다는 사실이다. 한때는 양지였던 곳이 음지가 되고, 한때는 음지였던 곳이 양지가 된다. 예전에는 아주 보잘것없고 초라하던 사람이 어느 순간 부와 명예, 권력을 손안에 쥐며 유명 인물이 되기도 하고, 정반대로 하늘을 나는 새도 떨어뜨릴 것 같은 권세를 자랑하던 사람이 어느 순간 밑바닥까지 추락하며 사람들의 조롱과 업신여김을 받기도 한다. 또 그러다가도 재기에 성공하여 자신을 멸시하던 사람들이 근접할 수 없는 인물로 비상하기도 한다.

내 경우는 그 정도까지는 아니었지만, 그래도 참으로 많은 부침이 있었다. 서른 살이 되던 해에 국내 굴지의 대기업 노동조합위원장으로 당선되면서 인생의 많은 굴곡이 시작되었다. 예로부터 소년등과 일불행少年登科一不幸이라 하여 너무 일찍 출세하는 것이 오히려 불행의 씨앗이 된다고 했는데, 어찌 보면 내 경우가 딱 거기에 해당되는 셈이었다.

이후로도 사업, 정치, 단체 활동 등을 하면서 때로는 선망의 대상이 된 적도 있고 때로는 비웃음의 대상이 된 적도 있다. 그러면서 다시 절실히 깨달은 것이 정현종의 시처럼 모든 순간이 다 내 열심에 따라 피어날 꽃봉오리요, 모든 사람이 다 내 열심에 따라 얻어질 노다지라는 점이었다. 마치 사람의 인연과도 같았다. 선연과 악연이 따로 없듯이 보석과 돌이 따로 있는 것이 아니었다. 내가 돼지라면 진주도 돌에 불과할 것이요, 내가 안목이 있다면 평범한 돌도 보석이 될 수 있는 것이었다.

중국 전국시대 말기 진秦나라의 정치가였던 여불위呂不韋는 원래 일개

상인에 불과한 인물이었다. 그렇지만 그는 위衛나라에 볼모로 잡혀 있던 자초子楚를 왕으로 만드는 데 큰 공을 세우고 평생 부귀영화를 누렸다. 처음 자초를 만난 후 여불위는 다음과 같은 대화를 아버지와 나누었다.

"농사를 짓는다면 1년에 몇 배의 이익을 얻을 수 있을까요?"
"열 배의 이익을 얻을 수 있다."
"보석을 판매한다면 몇 배의 이익을 얻을 수 있을까요?
"수십 배의 이익을 얻을 수 있다."
"한 나라의 국왕을 세운다면 몇 배의 이익을 얻을 수 있을까요?"
"그 가치는 헤아리기 어렵다."

결국 여불위는 결심을 굳히고 자신의 전 재산을 쏟아 부어 자초의 귀국을 돕고 그를 왕으로 만들었다. 여기에서 '기화가거奇貨可居'라는 사자성어가 유래되었는데, 자초처럼 '쌓아놓을 만한 가치가 있는 기이한 상품'이라는 뜻이다. 인간관계에서는 이처럼 기화가거를 알아보는 안목이 중요하다. 하지만 그와 동시에 모든 사람이 때와 상황에 따라 각자 다른 쓰임새가 있다는 사실도 잊지 말아야 한다. 그러고는 가벼운 이해관계, 그때그때의 이해타산에 의해 변하지 말고 항상 좋은 인연, 아름다운 꽃봉오리를 피우기 위해 꾸준히 한결같이 사람들을 소중하게 대해야 한다. 지금 스스로에게 물어보라. 나는 노다지처럼 보이는 사람들만 쫓아다니고 있는 것은 아닌지 말이다.

몇 년 전 큰 인기를 끌었던 드라마 〈제빵왕 김탁구〉를 보면 이런 대사가 나온다.

"사람보다 소중한 것은 세상에 아무것도 없다."

아무리 보잘것없어도, 아무리 하찮은 재주를 가졌어도 그 사람보다 소중한 것은 세상에 없다는 사실을 절대로 잊지 말자.

1 사람을 추구하라

푸슈킨은 말했다. "인간이 추구해야 할 것은 돈이 아니다. 인간이 추구해야 할 것은 항상 인간이다." 성공적인 인생을 살고 싶다면, 행복한 삶을 살고 싶다면 돈이나 일보다 사람을 추구하라.

2 등잔 밑부터 살피라

가장 소중한 시간은 지금, 가장 소중한 장소는 여기, 가장 소중한 사람은 옆에 있는 사람이다. 가까이 있다는 이유로 소홀하기 쉬운 가족, 친구, 직장 동료부터 소중하게 대하라.

3 먼저 손 내밀라

사람들은 대개 누군가 먼저 다가와주길 바라지 먼저 다가서려 하지 않는다. 그러다 보면 누구도 다가와주지 않는다. 친구를 사귀고 싶으면 먼저 손을 내밀라. 용기 있는 자가 미인을 얻고 먼저 다가서는 자가 친구를 얻는다.

4 관심과 호감을 가지라

사람은 누구나 자기를 좋아하는 사람을 좋아하며, 자기에게 관심을 나타내는 사람에게 관심을 갖는다. 누군가의 호감과 관심을 얻고 싶다면 먼저 그 사람에게 호감과 관심을 가지라.

5 들어주고 공감하라

사람은 대개 통하는 사람과 친해지게 마련이다. 상대방의 말을 잘 들어주고 상대방의 생각과 감정, 상대방이 처해 있는 상황에 대해 공감하라.

6. 따뜻한 말을 건네라

좋은 말을 해주는 사람을 싫어하는 사람은 없다. 상대방에게 기쁨을 주는 말, 상대방에게 힘과 용기를 주는 말, 상대방의 마음을 따뜻하게 하는 말을 건네라.

7 상처 주는 말과 행동을 하지 말라

상처 받는 것을 좋아하는 사람은 없다. 다른 사람에게 책임과 잘못을 전가하지 말고, 쓸데없는 비판이나 비난을 삼가고, 상대방의 감정과 자존심에 상처를 주지 말라.

8 진심과 정성으로 대하라

인간관계는 알고 이해하고 공감하고 친해지고 믿음이 형성되는 순서로 발전된다. 사람들과 친해지려면 내 생각과 감정을 솔직하게 표현하고 진심과 정성으로 대하라.

9 주고 잊으라Give & Forget

경사가 생기면 함께 기뻐하고, 애사가 생기면 함께 슬퍼하라. 나도 나중에 보답 받겠지 하는 마음은 접어두라. 지금 이 순간 함께하는 것만으로도 중요하지 않은가. 받을 거 생각하고 주는 사람은 정 떨어진다.

10 먼저 등 돌리지 말라

쉽게 친해지지 않는다고 등 돌리지 말라. 별 볼일 없다고 등 돌리지 말라. 서운하다고 등 돌리지 말라. 인연이란 저 하늘에서 떨어진 밀씨가 땅에 꽂힌 바늘에 닿는 것과 같다고 했다. 한번 맺은 인연은 소중히 생각하고 절대로 먼저 등 돌려서는 안 된다.

04
사람의 향기는 만 리를 간다

중국 전국시대에 편작扁鵲이라는 명의가 있었다.

그의 집안은 대대로 의술에 능해 편작의 다른 두 형제 또한 매우 뛰어난 의사였는데 편작만큼은 명성을 얻지 못했다. 하루는 위나라 왕이 편작에게 물었다.

"그대 형제들 중 누가 가장 실력이 뛰어난가?"

"첫째 형님이 가장 뛰어나고, 둘째 형님이 그 다음이며, 저는 가장 마지막입니다."

"세상 사람들은 그대가 가장 뛰어나다고 하던데 그렇다면 그 말이 거짓이란 말이냐?"

"큰형님은 사람들이 병세를 느끼기도 전에 고쳐주기 때문에 사람들은 자신의 병을 고쳤는지도 잘 모릅니다. 둘째 형님은 병세가 가벼울 때 고쳐주기 때문에 사람들은 가벼운 병을 치료한 것으로만 생각합니다. 저는 재주가 부족하여 사람들의 병세가 심각해진 후에야 고쳐주니 사람들은 제가 가장 뛰어난 줄로 생각하는 것입니다. 이것이 제가 명의로 소문난 보잘것없는 이유입니다."

편작은 제나라의 군주인 제환공齊桓公의 안색만을 보고 그 병의 원인을 알아냈으며, 괵虢나라 태자가 시궐(尸厥, 갑작스럽게 졸도하여 인사불성이 되는 것이 마치 죽은 사람처럼 보이는 병)에 걸려 거의 죽어갈 때 그를 치료하여 소생시켰다. 인도의 기파耆婆와 함께 명의의 대명사로 불리고 있다.

편작의 사례가 말해주듯이 훌륭하다고 해서 모두 유명한 사람이 되는 것은 아니며, 반대로 유명하다고 해서 모두 훌륭한 사람이 되는 것도 아니다. 훌륭한 사람 중에도 무명으로 남는 사람이 있고, 유명인 중에도 하찮은 실력밖에 갖추지 못한 사람이 있으니 누군가를 평가할 때는 항상 겉모습보다는 그 사람의 내면을 살펴보아야 한다.

하지만 내가 먼저 좋은 인맥, 좋은 사람이 되는 것이 가장 중요하다. 이는 절대 불변의 진리다. 예로부터 '화향백리花香百里 주향천리酒香千里 인향만리人香萬里'라고 했으니, '꽃의 향기는 백 리를 가고 술의 향기는 천 리를 가지만 사람의 향기는 만 리를 간다'는 뜻이다. 내가 아름다운 인간이 되면

만 남 의 지 혜

그 향기가 만 리를 넘어서까지 퍼지니 어찌 좋은 인맥, 아름다운 인연이 저절로 만들어지지 않겠는가. 고승이 산 속 깊이 몸을 숨겨도 사람들이 찾아들며, 편작처럼 뛰어난 실력을 갖고 있으면 굳이 알리려 들지 않아도 세상의 병든 사람들이 구름처럼 몰려드는 것과 마찬가지다.

얼마 전 우연히 영화배우 김윤진의 인터뷰 기사를 보게 되었는데 다음과 같은 말이 인상적이었다.

"미국인들에게 발음이 어렵다는 이유로 이름을 바꾸진 않겠다. 인정받는 배우가 되면 사람들이 알아서 불러줄 것이다."

참 멋진 생각이요, 칭찬할 만한 가치관이다.

인생이나 사업을 하는 데 있어서 두 가지 질문이 중요하다. 한 가지는 '지금 내가 올바른 일을 하고 있는가?'라는 질문이고, 둘째는 '내가 지금 하고 있는 일을 올바르게 하고 있는가?'라는 질문이다. 이 중 첫 번째 질문이 보다 근원적이다. 인생과 사업에서는 올바른 일을 올바르게 하는 것이 중요하지, 올바르지 않은 일을 올바르게 하는 것은 무의미한 결과만 낳을 뿐이다.

김윤진의 경우 그런 부분을 잘 인지한 것 같다. 할리우드에 진출해 명성을 얻고 싶다면 불리기 쉬운 이름을 갖는 것보다는 사람들로부터 배우로서의 연기력을 인정받는 것이 우선이다. 즉 올바른 일은 뛰어난 연기 실력을 갖추는 것이요, 일을 올바르게 하는 것은 자신의 이름을 잘 홍보하는 것이다. 만약 김윤진이 배우로서의 연기력은 갖추지 않은 채 그저 자신의 이름을 알리는 일에 몰두했다면 세계적인 영화배우라는 그녀의 꿈은 절대로 달성되지 않았을 것이다.

　내가 이 책을 통해 말하고자 하는 인간관계의 비결도 비슷한 맥락이다. 좋은 인맥, 귀인을 찾으려 애쓰기 전에 내가 먼저 좋은 인맥, 좋은 사람이 되어야 한다. 그렇다고 반드시 편작과 같은 어마어마한 실력을 갖추라는 말은 아니다. 그보다는 편작이 보이는 겸손함처럼 좋은 성품을 갖춰야 한다는 뜻이다. 조금 더 쉽게 말하자면 '싸가지가 있는 사람'이 되라는 것이다.

　싸가지는 강원도와 전라도 지역에서 사용되는 '싹수'의 방언이다. 싹수는 어떤 일이나 사람이 앞으로 잘될 것 같은 낌새나 징조를 의미한다. 따라서 싹수가 없다는 말은 나무나 풀의 새싹이 잘못되어 제대로 자라지 못하고 망가지게 되었다는 뜻이며, 싸가지가 없다는 말은 근본이나 버릇이 잘못 형성되어 바람직한 사람으로 자라지 못했다는 것을 뜻한다. 인사성이 없거나 예의범절을 지키지 않는 버릇없는 사람, 자기 말만 하고 남의 말은 귀담아 듣지 않는 사람, 혼자 잘난 척하는 사람, 다른 사람을 무시하는 사람, 제멋대로 행동하는 사람, 자기 이익만 챙기는 사람 등이 싸가지 없는 사람의 전형적인 유형이다.

　힐튼호텔의 억만장자 상속녀 패리스 힐튼은 종종 다음과 같은 망언을 일삼아 사람들의 거센 비난을 불러일으키곤 했다.

　"사람들이 돈을 벌기 위해 일하는 줄 몰랐다."
　"공짜 급식소가 뭐예요?"

"영국 사람들은 죄다 평범한 이름을 지닌 것 같네요. 이곳에서는 그런 게 통하나 보죠?"

사람들이 일하는 이유가 돈을 벌기 위해서라는 사실을 몰랐다는 그녀. 그야말로 타인에 대한 관심과 배려가 부족한 '싸가지 없는' 말과 행동인 것이다.

우리는 사회생활을 하다 보면 싸가지 있는 사람과 싸가지 없는 사람, 두 가지 부류의 사람을 만나게 된다. 싸가지 있는 사람은 보기만 해도 즐겁고 오래도록 함께 어울리고 싶어진다. 반면에 싸가지 없는 사람은 보기만 해도 짜증이 나고 가능한 한 피하고 싶다. 한 조사결과에 의하면, 직장 상사 중 90퍼센트는 일은 잘하지만 '싸가지 없는 직원'보다는 능력은 보통이되 '인간성 좋은' 직원을 신뢰하는 것으로 나타난다. 2000명의 고용주를 대상으로 가장 최근에 해고시킨 직원 세 명과 그 이유를 알려달라는 서면조사에서는 응답자의 3분의 2가 "해고자들은 기본적인 품성에 문제가 있어 인화人和와는 거리가 먼 사람들이었다"라고 답했다. 이렇듯 싸가지는 인간관계와 사회생활의 기본이자 성공과 실패의 가늠자이다.

한때 잘나가던 개그맨이었다가 밑바닥까지 추락한 경험이 있는 연예인 양원경은 자신의 과거에 대해 이렇게 후회했다.

"예전엔 제가 생각도 짧고 철부지였어요. 잘나가는 때일수록 자신을 돌아보고 주변을 배려했어야 하는데. 자기관리도 하지 않고 그냥 하고 싶은 대로 하고 산 거예요. 속된 표현으로 말하자면 참 '싸가지'가 없었죠.

그때는 섭외가 들어와도 출연료가 적으면 나가지 않았어요."

역시 문제는 '싸가지'였던 셈이다.

반면에 가장 싸가지 있는(?) 사람의 사례를 말하라면 반기문 유엔 사무총장을 꼽을 수 있을 것이다. 젊었을 때 외교부에 근무하던 반기문은 승진에 승진을 거듭하며 마침내 선배와 동기들을 앞지르게 되었다. 보통 사람 같으면 자신의 능력을 자랑하며 당연한 결과로 생각했겠지만 반기문은 그렇지 않았다. 그는 선배와 동기 100여 명에게 "먼저 승진하게 되어 정말 미안하다. 더욱 열심히 노력해 외교부를 빛내겠다"라는 내용의 진심이 담긴 편지를 보냈다. 그야말로 싸가지 있는 행동 아닌가! 그가 유엔 사무총장의 자리에까지 오를 수 있었던 것도 실력과 능력을 넘어 남을 배려하는 높은 인품을 지닌 사람이었기 때문이다.

션, 정혜영 부부도 마찬가지다. 굶는 아이들이 없어질 때까지 봉사하겠다는 이들 부부는 행동 자체가 아름답고 그야말로 귀감이 된다. 이렇게 선행을 많이 하는데도 정작 본인들은 우리 가족의 행복이 먼저고 남는 행복을 전하는 것뿐이라고 겸손해한다. 쉽지 않은 일을 하면서도 부족하다고 말하는 이들 부부는 그윽한 향기를 발해 보는 이들마저 흐뭇하게 만든다.

영국의 엘리자베스 여왕은 중국 고위 관리와 함께한 만찬 석상에서 중국 관리가 손을 닦으라고 내온 물을 마시는 것을 보고, 그가 무안하지 않도록 자신도 따라 마셨다고 한다. 이런 배려심 있는 행동이 여왕을 더욱 빛나는 사람으로 기억하게 만들고, 한 번쯤 만나보고 싶다는 생각이 들게 한다.

일반적으로 싸가지는 네 가지 성향으로 구분된다.

1. 좋아하기Love : 싫어하기Hate

좋아하기-싫어하기 성향은 내가 타인을 우호적으로 대하는가, 아니면 적대적으로 대하는가를 의미한다. 다른 사람과 어울리기를 좋아하는 친화적인 성격은 좋아하기 성향이 강한 것이며, 혼자 있는 것을 좋아하는 고립적인 성향은 싫어하기 성향이 강한 것이다. 싫어하기 성향이 강한 사람은 주로 차갑다, 쌀쌀맞다는 평가를 받게 된다.

2. 열기Open : 닫기Close

열기-닫기 성향은 타인과의 관계가 개방적으로 이뤄지는지, 아니면 폐쇄적으로 이뤄지는지를 의미한다. 상대방의 말에 충분한 공감을 해주며 원활하게 자기공개를 하는 사람은 열기 성향이 강한 것이다. 반대로 자기 이야기만 하려 들며 내면의 모습을 드러내지 않는 사람은 닫기 성향이 강한 것이다. 닫기 성향이 강하면 마음을 열기가 어렵게 된다.

3. 보조 맞추기Pacing : 끌고 가기Dragging

보조 맞추기-끌고 가기 성향은 타인과 협력적으로 행동하는가, 아니면 지배적으로 행동하는가를 의미한다. 상대방을 존중하며 수평적인 관계에서 교류하는 사람은 보조 맞추기 성향이 강한 것이다. 반대로 타인을 자신의 의도에 맞게 강압적으로 통제하려는 사람은 끌고 가기 성향이 강한 것이다. 끌고 가기 성향이 강하면 갈등을 많이 빚게 된다.

4. 주기Give : 받기Take

주기-받기 성향은 누구의 이해관계를 우선적으로 중시하느냐를 의미한다. 배려심이 많고 베풀기를 잘하는 사람은 주기 성향이 강한 것이며, 자신의 이익을 중시하는 이기적인 사람은 받기 성향이 강한 것이다. 인간관계는 '기브 앤 테이크, 주고받는 것'이다. 받기 성향이 강하면 좋은 관계를 형성하기 어렵다.

자신의 이마에 손가락으로 '나'를 써보자. 그 다음에는 '나'를 자신이 보는 방향에서 썼는지, 아니면 다른 사람들이 보는 방향에서 썼는지 떠올려보자. 자신이 보는 방향이라면 자기중심적인 성향, 다른 사람의 방향이라면 타인중심적인 성향에 해당한다. 사람은 유전적 요인과 사회화 과정에서 형성된 특정한 행동을 고착화된 버릇으로 지니게 되는데, 이런 버릇은 쉽게 변하지 않으며 대인관계에 지속적이고 심대한 영향을 미친다.

긍정적인 버릇은 좋은 관계를 형성하는 데 도움이 되지만 부정적인 버릇은 인간관계에 갈등과 장애를 일으키는 요소가 된다. 따라서 좋은 관계를 형성하려면 부정적인 버릇을 긍정적인 버릇으로 바꿔나가는 것이 중요하다. 미국의 벤저민 프랭클린은 절제, 침묵, 질서, 결단, 절약, 근면, 진실·성실, 정의, 중용, 청결, 평정, 순결, 겸손이라는 13가지 덕목을 수첩에 적어놓고 매일 실천 여부를 점검했다. 조지 워싱턴 역시 참된 인간이 되기 위한 13가지 원칙을 정해놓고 꾸준하게 실천했다.

좋은 인간관계는 내가 먼저 좋은 사람이 되는 것, 나의 싸가지(관심, 공감, 존중, 배려)에 달려 있다. 평소에 관심, 공감, 배려, 존중이라는 네 가지 덕목을 꾸준하게 실천해보라. 그것이 좋은 인맥을 만드는 비결이다. 먼저 스스로에게 질문을 건네보자.

'나는 멀리 떨어져 있는 사람들까지 찾아오고 싶어 할 만큼 향기로운 사람인가?'

1 매끈

보기도 좋은 떡이 먹기도 좋다고 했고, 모난 돌은 정 맞기 쉽다고 했다. 까칠하게 굴지 말고 부드럽게 굴라. 세련된 옷차림의 밝게 웃는 사람을 싫어하는 사람은 없다. 자신감 넘치는 태도로 매너 있게 행동하라. 외모는 미끈, 성품은 매끈한 사람이 되라.

2 발끈

사람은 오기가 있어야 한다. 실패란 넘어지는 것이 아니라 넘어진 그 자리에 주저앉는 것이다. 그대로 있고 싶지 않다면 오기 있는 사람이 되라. 동트기 전이 가장 어둡다고 했다. 그러니 어려운 순간일수록 발끈하라. 오뚝 일어나는 사람이 되라. 가슴 속에 불덩이 하나쯤은 품고 살라.

3 화끈

미적지근한 사람은 되지 말라. 일할 땐 일하고 놀 땐 확실하게 노는 사람이 매력 있다. 누군가 해야 할 일이라면 내가 하고, 언젠가 해야 할 일이라면 지금 하고, 어차피 해야 할 일이라면 확실하게 해치우라. 눈치 보지 말고 소신껏 행동하고, 내숭 떨지 말고 화끈한 사람이 되라.

4 질끈

용서할 줄 아는 사람이 되라. 참을 줄 아는 사람이 되라. 살다 보면 눈을 질끈 감아야 할 때가 있다. 실수나 결점 없는 사람이 어디 있으랴. 잘못한 것을 보아도 쓸데없이 비난하지 말고 눈 한번 질끈 감아라. 한번 내뱉은 말을 다시 주워 담을 수 없으니 입이 간지러워도 참아라. 보고도 못 본 척, 알아도 모른 척 할 수 있는 사람이 되라. 다른 사람이 나를 비난해도 질끈 눈을 감아라.

5 따끈

따뜻한 사람이 되라. 차갑고 계산적인 사람이 아니라 부드럽고 인간미가 느껴지는 사람이 되라. 사람은 누구나 마음이 따뜻한 사람을 원한다. 세상이 삭막해질수록 더욱 그렇다. 털털하고, 인정 많고, 메마르지 않은, 다른 사람에게 베풀 줄 아는 따끈한 사람이 되라.

05

70억 가운데 스승 한 사람이 없다면

1973년, 일본 사가 현에 살던 열여섯 살 소년이 도쿄로 무단 상경을 했다. 그는 맥도널드 사를 찾아가 후지타 덴 사장을 만나게 해달라고 졸랐다. 경비실에서 쫓겨났지만 소년은 결코 포기하지 않고 일주일간 매달렸다. 마침내 후지타 덴 사장이 그를 불렀다.

"자네는 무엇 때문에 나를 만나고 싶어 하는 것인가?"

"저는 앞으로 세계적인 CEO가 되고 싶습니다. 이제 곧 미국으로 유학을 떠날 계획인데 어떤 분야의 학문을 배우는 것이 좋을까요?"

후지타 덴 사장은 소년에게 미래는 인터넷, 노트북, 소형 컴퓨터의 시대가 될 것이라고 조언해주었다. 소년은 미국으로 건너가 컴퓨터

공부를 시작했고, 학교를 졸업한 후 다시 일본으로 돌아와 회사를 설립했다. 바로 소프트뱅크다. 후지타 덴 사장을 만나기 위해 일주일 동안 애를 썼던 소년은 일본의 빌 게이츠라고 불리는 어린 시절의 손정의였다.

훗날 손정의 회장의 저녁식사에 초대받은 후지타 덴 사장은 오래전 자신을 찾아왔던 고등학생이 손정의였다는 사실에 감격해서 컴퓨터 300대를 주문했고, 이후에도 정신적인 멘토로서 후원을 아끼지 않았다고 한다. 어린 시절의 짧은 만남이 평생의 인연으로 발전하게 된 것이다.

인생에서 인간관계가 중요한 이유를 손꼽으라면 보통 두 가지 정도를 말할 수 있을 것이다. 첫 번째는 성공이다. 혼자 빛나는 별은 없다는 말처럼 좋은 인맥은 성공을 위한 징검다리, 디딤돌 역할을 해준다. 두 번째는 행복이다. 원만하고 친밀한 인간관계의 형성은 행복의 필수조건이다. 가족, 친구, 직장 및 사회에서 만나는 사람들과 갈등이나 불편함이 없어야 사람은 행복할 수 있다.

그런데 나는 성공의 으뜸 비결로 '스승, 멘토'를 꼽고 싶다. 젊은 손정의가 후지타 덴 사장을 만나 인생의 방향이 바뀌었듯이, 동서고금을 살펴보면 위대한 인물들의 삶에는 대개 큰 스승이 존재한다. 알렉산더 대왕에게는 철학자 아리스토텔레스가 있었으며, 남아프리카공화국 최초의 흑인 대통령 넬슨 만델라에게는 정치 운동가 월터 시술루가 있었으며, 시각과 청각 중복장애를 겪었지만 작가 겸 사회사업가로 우뚝 선 헬렌 켈러에게는 애니 설리번이 있었다. 버락 오바마 대통령은 톰 대슐 전 상원의원을 정치적 스승으로 삼았고, 『삼국지』의 유비는 자기보다 어린 제갈공명을 스승으로 모시기 위해 삼고초려하는 수고를 마다하지 않았다. 이런 스승의 중요성을 다음과 같이 정리해볼 수 있을 것이다.

스승

남들보다 빨리 성공하고 싶다면 스승을 찾아라.

다른 사람의 실패를 반복하고 싶지 않다면 스승을 찾아라.

가슴 뛰는 꿈을 갖고 싶다면 스승을 찾아라.

평생의 조언자가 필요하다면 스승을 찾아라.

생각과 행동의 변화가 필요하다면 스승을 찾아라.

위로와 격려가 필요하다면 스승을 찾아라.

행복의 비결이 궁금하다면 스승을 찾아라.

좋은 인맥을 물려받고 싶다면 스승을 찾아라.

70억 명이 넘는 인구 중에 스승 한 사람을 찾지 못한다면,

그가 인생에서 발견할 수 있는 것이란 도대체 무엇이겠는가?

이렇게 스승이 중요함에도 사람들이 인생의 스승을 만들지 못하는 이유는 무엇일까? 그것은 절실함과 겸손함이 부족하기 때문이다.

절실함이란 갈증과 같다. 목마른 사람이 우물을 파는 이치와 마찬가지

로 절실한 필요와 이유가 있는 사람만이 인생의 스승을 만들 수 있다. 스승이란 내게 찾아오는 것이 아니라 내가 찾아 나서야만 하는데, 절실함이 없다면 그런 용기를 내거나 시도하지 않으려고 하기 때문이다.

가끔 나를 만나고 싶었다며 찾아오는 고등학생·대학생들이 있다. 그리고 이런 학생들은 대부분 구체적이고 명확한 자신만의 꿈이나 비전을 가지고 있었다. 이렇게 이루고 싶은 절실한 목표가 있다면 그 꿈을 이루는 데 도움을 줄 수 있는 사람들을 만나기 위해 찾아다니게 마련이다.

그런데 사실 절실함보다 더 큰 문제는 겸손함이다. 사람들은 대개 다른 사람들이 자신보다 못났다고 생각한다. 그렇기 때문에 세상에 70억이 넘는 사람이 있음에도 스승 한 사람 만나지 못하는 것이다. 인생의 스승을 찾으려면 우선 이런 오만함부터 버려야 한다. 조계종 원로회의 의장을 지낸 종산스님은 한 언론사와의 인터뷰에서 이렇게 말했다.

"소크라테스는 참다운 사람을 찾기 위해 대낮에 공원에서 등불을 가지고 다녔다는 이야기가 있는데, 나는 평생 나보다 못한 사람을 찾아보았지만 아직까지 그런 사람을 찾지 못했을 뿐 아니라 나와 비슷한 사람조차 만나지 못했습니다. 모든 사람을 존경합니다."

종산스님 같은 불가의 큰스님도 평생 자신보다 못한 사람을 만나지 못했다고 말하거늘 우리 같은 소인들에게야 세상 사람 모두가 스승 아니겠는가!

유비가 제갈공명을 스승으로 모시기 위해 삼고초려를 한 것이 그의 나이 마흔일곱 살, 제갈공명의 나이가 스물일곱 살 때의 일이다. 무려 자신보다 스무 살이나 어린 사람을 스승으로 받든 것이다. 이런 겸손함을 먼저 갖추지 않는 한 인생의 참스승은 절대로 만들어지지 않는다. 아직 확신이 부족하다면 또 다른 사람의 말을 들어보자. 일본 마쓰시타 전기의 창업주 마쓰시타 고노스케는 이렇게 말했다.

"나는 배운 것도 적고 특별한 재능도 없는 평범한 사람이다. 그런데 사람들은 내가 경영을 잘한다거나 인재를 잘 활용한다고 평가한다. 나는 스스로 결코 그렇게 생각하지 않지만 그런 말을 들으면 한 가지 짚이는 점이 있다. 내 눈에는 모든 직원이 나보다 위대한 사람으로 느껴진다는 것이다. 물론 나는 사장이나 회장이라는 지위에 있었기 때문에 겉으로는 직원들을 꾸짖을 때가 많았지만, 속으로는 늘 상대방이 나보다 위대한 사람이라고 생각했다."

단순한 겸양의 말이라고 생각하는가? 그렇지 않다. 삼인행 필유아사三人行必有我師라는 말도 있듯이 어리석은 자는 다른 사람에게서 단점과 흉볼 점을 보고, 현명한 사람은 그 사람의 장점과 배울 점을 볼 따름이다.

노벨평화상을 수상한 알버트 슈바이처 박사는 아프리카에서 병원을 지을 때 나무를 베고 운반하고 못질하는 일을 자신이 직접 했다. 어느 날 슈바이처는 가까운 마을에 사는 한 청년에게 도움을 요청했다. 그러자 청년은 "저는 지식인이어서 그런 일은 할 수 없습니다. 그런 막일은 못 배운 사람들이나 하는 겁니다"라고 대답했다. 그 말을 들은 슈바이처는 이렇게 말했다.

"나도 자네만 할 때는 그렇게 생각했다네. 그러나 웬만큼 배웠다 싶으

만 남 의   지 혜

니까 이젠 아무 일이나 다 하겠더군."

벼는 익을수록 고개를 숙인다고 했다. 나는 그 이유를 단지 겸손해서가 아니라 진정 부끄럽게 여기기 때문이라고 말하고 싶다. 내가 아무것도 모르기 때문에, 모든 사람이 나보다 위대한 사람으로 느껴지기 때문에 고개를 숙이는 것이라고 말하고 싶다.

지금까지 말한 내용을 다시 한 번 정리해보자. 스승은 성공과 실패, 행복과 불행에 결정적인 영향을 끼칠 수 있는 사람이다. 따라서 내게 참 스승 한 명이 있다면 인생의 50퍼센트는 이미 성공한 것이라고 말해도 좋을 것이다. 반대로 그런 스승이 없다면 지금 하고 있는 일을 모두 젖혀놓고 당장 스승부터 찾아 나서라. 그러기 위해서는 내게 절실함, 겸손함이 있는지 확인해보아야 한다.

나는 인생의 스승을 필요로 하는 절실한 꿈, 간절한 목표가 있는가? 나는 세상 사람들을 모두 스승으로 생각할 만한 겸손함을 지니고 있는가? 70억이 넘는 세상 사람 중에 스승 한 사람을 만들지 못한다면 그것은 전적으로 내 어리석음과 오만함 때문이라는 사실을 잊지 말라.

행복의 90퍼센트는 인간관계에 의해 결정된다.
/ 키에르케고르 /

06

세상에 만나지 못할 사람은 없다

미국의 보험왕 폴 마이어Paul J. Meyer에 관한 이야기다. 20대 초반, 처음 보험영업을 시작했을 때 그는 길거리에 앉아 있다가 고급 승용차가 지나가면 재빨리 차량 번호를 적고 그 주소를 알아내 직접 방문했다. 예상했던 것처럼 차량의 소유자들은 모두 부자거나 사장이었고 폴 마이어는 그들을 자신의 고객으로 만들어나갔다.

그러던 어느 날, 유독 한 명의 사장이 바쁘다는 핑계를 대며 폴 마이어를 만나주지 않았다. 몇 번에 걸친 시도가 실패로 돌아가자 폴 마이어는 편지 한 통을 써서 예쁜 상자 속에 넣은 후 비서에게 전달을 부탁했다. 호기심이 생긴 사장이 상자 속을 열어 편지를 읽어보니 다음과 같은 글이 적혀 있었다.

사장님, 저는 날마다 하나님도 만나는데 어째서 사장님은 한 번도 만날 수 없나요? 사장님이 하늘에 계신 하나님보다 높다는 말씀인가요?

이 편지를 읽고 감명을 받은 사장은 폴 마이어를 직접 만나 큰 액수의 계약을 해주었고, 자신이 알고 있는 사람들을 폴 마이어에게 소개시켜주었다. 이 일을 계기로 폴 마이어는 성공가도를 달릴 수 있었다. 입사 2년 만에 신계약 400만 달러를 달성했고, 하루에 최고 150만 달러의 계약을 성사시키는 대기록을 수립했다. 그리고 스물일곱 살이 되었을 때 최연소 백만장자로 기네스북에 등재되었다.

세상에 만나지 못할 사람은 아무도 없다. 폴 마이어의 말처럼 날마다 신도 만나는데 그보다 못한 사람을 만나지 못할 이유가 어디 있겠는가? 끝까지 포기하지 않고 방법을 연구하면 누구나 만날 수 있고 누구와도 소중한 인연을 맺을 수 있다. 만나고 싶은 사람이 있다면 나이, 지위, 신분에 차이가 있다고 해도 겁내지 말고 과감하게 그 사람을 찾아 길을 나서라. 용기 있는 자가 미인을 얻고, 두드리는 자에게 문이 열리며, 먼저 손을 내미는 자에게 귀한 인연이 만들어지게 마련이다. 폴 마이어 역시 이렇게 말했다.

"인생에서 실패한 사람의 90퍼센트는 진짜로 패배한 것이 아니다. 그들은 다만 그만두었을 뿐이다."

그런데 이 외에도 우리가 고려해야 할 것이 또 있다. 바로 현대 사회는 네트워크 사회라는 사실이다.

스페인 사회학자 마뉴엘 카스텔Manuel Castelles은 『네트워크 사회의 도래』라는 책을 통해 현대 사회를 네트워크 사회로 정의했다. 2013년 2월 기준 국내 트위터 사용자는 650만 명, 페이스북 사용자는 1100만 명을 넘은 것으로 알려지고 있으며, 전 세계적으로는 트위터 5억 5000만 명, 페이스북 10억 6000만 명 이상이 활동 중이다. 이 통계는 무엇을 의미하는가? 한마디로 지금 우리는 SNS(소셜네트워크서비스)만 잘 활용하면 세상 사람 누구든지 만날 수 있고, 누구든지 자신의 인맥으로 만들 수 있는 시대에 살고 있다.

2012년에 취업 포털 사이트 커리어가 직장인 535명을 대상으로 조사한 결과에 따르면 응답자의 52.4퍼센트가 온라인상에서 맺은 디지털 인맥이 있다고 했으며 1인당 맺은 디지털 인맥은 평균 27명으로 나타났다. 2010년 조사에서 1인당 맺은 디지털 인맥이 평균 20.2명이었던 것을 감안한다면 2년 사이 꽤 빠르게 증가했음을 알 수 있다.

이렇게 디지털 인맥이 인기를 끄는 이유는 무엇일까? 다음과 같은 점을 생각해볼 수 있다.

첫째, 시간과 공간의 제약을 받지 않는다.

디지털 인맥은 컴퓨터, 노트북, 스마트폰을 통해 이뤄지기 때문에 언제 어디서나 자유로운 의사소통과 교류가 가능하다. 마음만 내키면 24시간 언제든지 지구 반대편에 있는 사람과도 인간관계를 맺을 수 있다.

둘째, 수평적 문화다.

나이, 지위, 신분 등에 따라 교류의 대상과 폭이 제한되는 오프라인과 달리 디지털 인맥은 다양한 사람들과 수평적인 관계를 맺을 수 있다. 환갑이 지난 할아버지가 초등학생과 친해질 수 있고, 신입사원이 대기업 회장과 직접 이야기를 나눌 수 있으며, 동일한 관심사를 지닌 직장인과 주부가 자유롭게 교류할 수 있다.

셋째, 정보와 인맥의 보고寶庫다.

트위터, 페이스북 등에서는 각계각층의 사람들이 모여 다양한 정보를 공유한다. 오프라인에서는 접하기 어려운 정보, 각 분야의 전문가를 손쉽게 만날 수 있다는 것은 디지털 인맥의 가장 큰 장점이다.

SNS는 만남의 광장, 인맥의 보고다. 전 세계에 흩어져 있는 사람들과 교류할 수 있고, 가수·탤런트 같은 연예인들과도 친구처럼 대화할 수 있으며, 각 분야의 전문가들을 쉽게 만날 수 있다. 나 역시 트위터, 페이스북을 통해 유명 정치인, 방송인, 연예인, 교수, 작가, CEO 등 새로운 사람들을 많이 만났다. 그뿐 아니다. 연락이 끊어져 소식을 모르던 지인들도 많이 만났다. 캐나다로 이민을 간 전 직장 동료도 만났고, 초등학교와 중·고등학교 동창생도 만났으며, 대학 시절에 봉사활동을 함께 했던 후배도 만났다. 그야말로 사람 찾는 요술 램프와도 같은 곳이 SNS라고 말할 수 있을 것이다. 가끔은 오래전에 헤어진 옛 애인 이름을 검색해보기도 한다. 심각하게 받아들이지는 마시라. 잠깐 웃자고 하는 말이니.

1973년 미국 존스홉킨스 대학교의 마크 그라노베터Mark Granovetter 박사는 『미국 사회학회지American Journal of Sociology』에 「약한 연결 관계의 힘The strength of weak tie」이라는 논문을 발표했다. 그라노베터 박사가 보스턴 근교 뉴턴에서 '일자리 구하기 경로'를 조사해보았더니 새로운 일자리를 구하는 방법으로 '사람들로부터 정보를 얻는다'(56%)라는 응답이 가장 높게 나타났다. 다음으로 '중개자 없이 직접 발로 뛴다'(20%), '구인광고나 직업소개소를 통한다'(18.8%) 순으로 조사되었다. 일자리를 얻는 데는 사람이 가장 큰 도움이 된다는 사실을 알 수 있는 대목이다.

그런데 추가적인 조사를 통해 뜻밖의 사실이 밝혀졌다. 취업에 도움을 준 사람들의 비율이 가깝고 친밀한 관계의 사람들이 많았으리라는 예상과는 달리 그저 알고만 지내는 사람들이 더 많았던 것이다. 응답자들의 답변을 분석한 결과 '밀접한 관계'는 31퍼센트에 불과했고, 나머지 69퍼센트는 이름 정도만 알고 지내는 '느슨한 관계'로 밝혀졌다. 이를 통해 그라노베터는 정보의 흐름에는 약한 연결 관계가 강한 연결 관계보다 훨씬 효과적이라고 주장했다.

이 같은 현상은 현대 사회가 네트워크 사회로 진입하면서 한층 가속화

될 것이다. 실제로 2010년 페이스북 데이터 팀이 페이스북 이용자를 대상으로 조사한 결과를 보면, 약한 연결 관계가 전하는 정보는 공유 가능성을 10배 높이는 데 반해 강한 연결 관계는 6배 높이는 데 그쳤다고 한다. 이런 사실을 고려해볼 때 우리는 소수의 사람들과 친밀한 관계를 형성하는 것 못지않게 다수의 사람들과 폭넓은 네트워크를 구축하는 데도 큰 관심과 노력을 기울일 필요가 있다. 그런 차원에서 트위터, 페이스북과 같은 SNS는 새로운, 그리고 다양한 사람을 만날 수 있는 최고의 도구이자 공간인 셈이다.

그러면 여기서 잠깐. 어떻게 손정의는 열여섯 살이라는 어린 나이에 대기업 사장인 후지타 덴을 찾아가겠다고 생각한 것일까? 그 답은 후지타 덴이 쓴『유대인의 상술』이라는 책에 있다. 당시 베스트셀러였던 이 책에는 다음과 같은 구절이 있었다.

> 유명한 인물과 인연을 맺고 싶다면 직접 찾아가라. 그들은 식상한 인물들과의 뻔한 대화에 지쳐 있기 때문에 엉뚱하면서도 참신한 인물의 등장을 진심으로 고대하게 마련이다.

이를 읽은 손정의는 큰 용기를 얻었고 후지타 덴을 만나기 위해 무작정 그의 회사로 찾아간 것이다.

지금까지 말한 사항을 정리해보자.

첫째, 하나님도 만나는데 만나지 못할 사람은 아무도 없다. 만남을 포기하지 말라.

둘째, SNS는 만남의 광장, 인맥의 보고다. SNS만 잘 활용하면 세상 사람 누구나 만날 수 있다.

셋째, 네트워크 사회에서는 약한 연결 관계가 더 중요한 역할을 할 수도 있다. 가급적 다양한 분야의 사람들과 폭넓은 네트워크를 구축하라.

자, 이제 남은 것은 실천뿐이다. 열여섯 살 손정의처럼 만나고 싶은 사람이 있다면 직접 찾아가라. 그 사람 또한 당신과 같은 참신한 인물의 등장을 진심으로 고대하고 있을 것이다. 행운을 빈다.

> 젊었을 때는 돈을 빌려서라도 좋은 인맥을 만들어야 한다.
> 물은 어떤 그릇에 담느냐에 따라 모양이 달라지지만
> 사람은 어떤 친구를 사귀느냐에 따라 운명이 달라진다.
> / **히구치 고타로** /

만 남 의   지 혜

07

단 한 명의 원수도 많다

옛날 중국에 얼굴이 매우 못생긴 사람이 정승으로 등용되었다. 처음 입궐하는 날, 조정 대신들 사이를 지나가는데 뒤에서 누군가가 수군거렸다.

"참으로 얼굴이 못생겼구나. 어떻게 저런 얼굴로 한 나라의 정승이 되었을까?"

옆에서 따라오던 부하가 벌컥 화를 내며 어떤 사람인지 알아보려 하자 정승은 황급히 그를 말리며 이렇게 말했다.

"내가 지금 그 사람이 누군지 알게 된다면 사사로운 마음과 원한이 생겨날 것이다. 그러면 앞으로 나랏일을 하는 데 두고두고 영향을 받게 될 것이니 지금 그 사람의 얼굴을 보지 않음이 옳은 일이다."

그러고는 뒤도 돌아보지 않고 부하와 함께 빠른 걸음으로 그 자리를 떠났다.

좋은 인간관계를 맺기 위해 가장 중요한 일은 적을 만들지 않는 것이다. 흔히 친구는 성공을 가져오지만, 적은 위기를 가져오고 오랜 노력 끝에 애써 이룬 성공을 한순간에 무너뜨린다. 조직이 무너지는 것은 3퍼센트의 반대자 때문이며, 열 명의 친구가 한 명의 적을 당하지 못한다. 터키에도 비슷한 속담이 있다.

"천 명의 친구들, 그것은 적다. 단 한 명의 원수, 그것은 많다."

천 명의 친구가 있어도 내게 앙심을 품은 단 한 명의 원수가 있다면 인생은 매우 위태로워질 수 있다. 따라서 항상 악연을 피해 적이 생기지 않도록 조심해야 한다. 그런데 사람의 인연이란 매우 오묘하여 아주 사소한 일을 계기로 갈등을 빚게 되거나 전혀 예상치 못했던 적이 생기기도 한다. 나 또한 지금까지 악연을 두 번 정도 경험한 바 있다.

첫 번째는 2003년, 내가 설립한 회사에 공동출자한 어떤 임원과의 악연이었다. 회사의 자본금을 투자하는데 어떻게 채권을 확보할 것인가에 대한 방법을 둘러싸고 시작된 사소한 논쟁이 점차 서로에 대한 인신공격, 죽기 살기 대립으로 번지더니 끝내 회사 문을 닫는 사태에까지 이르고 말았다. 두 번째는 2007년, 내가 회장을 맡았던 한 협회 회원과의 악연이었다. 역시 사소한 불신이 씨앗이 되어 갈등이 생겨나더니 결국 협회의 활동까지 유명무실해지는 최악의 결과를 초래하고 말았다. 그야말로 내 인생에 두고두고 뼈아프게 후회스러운 기억, 정말 없었어야 좋았을 악연들이었다.

이런 일들을 겪고 난 후에 나는 결국 사람의 인연이란 선연과 악연이 따로 없다는 사실을 깨닫게 되었다. 나에게는 최악인 사람도 다른 누군가에게는 최선이 될 수 있고, 나에게는 최선인 사람도 다른 누군가에게는 최악의 인물이 될 수 있다는 것을 깨달았다. 한때는 동지였던 사람도 상황이 변하면 배신자가 될 수 있고, 한때는 적이었던 사람도 상황이 변하면 동지가 된다는 사실도 깨달았다. 훗날 이런 경험들을 나는 다음과 같은 글로 정리했다.

인연

길을 걸어가는데
돌이 가로막고 있다면
잠시 그 위에 앉아 쉬었다 가면 되리

마차를 타고 가는데
돌이 가로막고 있다면
마땅히 그 돌을 치우거나 피해 가야 하리

인연이란 이와 같은 것

선연과 악연이 서로 다르지 않으니

돌을 탓하지 말고 나를 돌아봐야 하리

　　결국 악연이란 일방적인 돌의 잘못이라기보다는 나의 상황과 상대방의 상황이 어긋나서 발생되는 문제인 경우가 대부분이다. 따지고 보면 태어나서 죽을 때까지 선인인 사람도 없고, 태어나서 죽을 때까지 악인인 사람도 없다. 따라서 누군가와의 갈등을 피하려면, 그리고 누군가를 적으로 만들지 않으려면 항상 나 자신을 먼저 돌아봐야 한다. 그리고 상대방이 아니라 나를, 나의 생각과 태도 및 상황을 바꾸려고 노력해야 한다.

　　사실 이렇게 해도 모든 악연을 피해 가기란 어렵다. 마치 아무리 조심스럽게 자동차를 운전해도 누군가의 차가 내 차에 부딪혀오는 일이 생겨나듯이 악연이란 내가 원하지 않는다고 해서 마음대로 피해 갈 수는 없는 일이다. 그럼에도 앞서 말했듯이 단 한 명의 적이 내 인생의 치명적인 해악을 초래할 수 있다는 사실을 잊지 말고 인생에서 최대한 적을 만들지 않기 위해 애써야 한다. 그러기 위해서는 어떻게 해야 할까? 내 경험으로 보면 두 가지가 필요하다.

　　첫째, 내가 하는 말이나 행동에 잘못이나 실수가 없도록 조심해야 한다. 미국의 시인 롱펠로우는 이렇게 말했다.

　　"함부로 내뱉은 말은 상대방 가슴속에 수십 년 동안 화살처럼 꽂혀 있다."

적을 만들지 않으려면 쓸데없이 다른 사람을 비난하거나 상대방의 인격을 모독해 그 사람의 자존심에 상처를 주지 말아야 한다. 롱펠로우가 말한 것처럼 함부로 내뱉은 말은 오래도록 깊은 상처로 남기 때문이다. 그렇지만 사회생활을 하다 보면 불가피하게 누군가를 비판해야만 하는 상황이 생긴다. 그런 경우에도 상대방의 감정과 자존심에 상처를 주지 않도록 조심해야 한다. 사람을 적으로 만드는 것은 단순한 비판이 아니라 수치심, 모욕감을 불러일으키는 말 때문이라는 점을 명심해야 한다. 따라서 누군가를 비판할 때는 객관적 사실만을 이야기하고, 본질과 상관없는 비난은 삼가야 한다. 최대한 예의를 갖추고 존중하는 마음을 담아 상대방의 자존심을 살려주며 비판하라.

둘째, 누군가가 내게 저지른 잘못과 실수는 마음에 담아두지 않아야 한다. 다른 사람이 내게 쏜 화살을 뽑지 않고 꽂아두면 내 가슴의 상처만 깊어질 뿐이다. 흐르지 않고 고여 있는 물은 썩어버리듯이 내 마음속에 미움이나 원망이 고여 있으면 결국 내 가슴만 썩는다. 그렇게 내 가슴이 썩어 들어가면 복수심이 생기고 다시 상대방의 가슴에 화살을 꽂는 일을 저지르게 된다. 그러면 결국 적이 되고 원수가 생기는 것이다.

"내가 니 시다바리가?"

2001년 당시 역대 최고 기록인 800만 관객을 동원한 영화 〈친구〉에서 동수(장동건 분)가 준석(유오성 분)에게 불만을 터뜨리며 내뱉은 말이다. 자신을 친구가 아닌 부하처럼 부리며 함부로 무시를 일삼는 데 대한 분노의 목소리였다. 결국 동수와 준석은 사이가 멀어지고 서로 대립하게 된다.

'은혜는 바위에 새기고, 원한은 모래에 새겨라' 하는 말이 있다. 다른 사람이 화살을 쏘면 가슴에 꽂아두지 말라. 다른 사람이 내게 하는 비난이나 비판은 가슴에 담아두지 말고 흘려보내라. 담아두지 않는다는 것은 용서한다는 것이 아니다. 처음부터 기억하지 않는 것, 아무 일도 없었던 것처럼 생각하고 행동하는 것이다. 마음을 비우는 것이 아니라 아예 채우지 않는 것이다. 앞에서 말한 중국 정승의 사례가 바로 그렇다. 마음에 담아두지 않는 것.

사실 다른 사람이 내게 범한 잘못과 실수를 마음에 담아두지 않는다는 것은 그리 쉬운 일이 아니다. 그러나 가만히 생각해보면 다른 사람이 쏜 화살을 가슴에 꽂은 채 살아가는 일 또한 얼마나 어리석은가. 또한 내 가슴을 다른 사람에 대한 원망이나 증오로 썩게 만드는 일 또한 얼마나 어리석은가. 퓰리처상을 수상한 미국의 작가 프랭크 매코트Frank McCourt는 이렇게 말했다.

"분노하며 원한을 품는 것은 내가 독을 마시고 남이 죽길 바라는 것이다."

지금 누군가가 화살을 쏘고 있다면 과녁이 되지 말고 화살을 피하여 흘려보내라. 다른 사람의 잘못이나 실수는 가슴에 담아두지 말고 흘려보내라. 그것이 바로 적을 만들지 않는 비결, 인생을 성공과 행복으로 이끄는 비결이다.

● 갈등관리 능력 체크 리스트

아래 내용을 읽고 자신에게 해당되는 점수를 괄호 안에 적은 후 각각의 점수를 합산하라.

전혀 그렇지 않다	그렇지 않다	보통이다	그렇다	매우 그렇다
2	4	6	8	10

1 나는 다른 사람에게 공격적으로 느껴질 수 있는 비난이나 비판을 하지 않는다. (   )
2 나는 다른 사람을 대할 때 정중하고 예의바른 말과 태도를 취한다. (   )
3 나는 다른 사람의 의견을 무시하지 않으며 상대방의 관점을 이해하려고 노력한다. (   )
4 나는 다른 사람의 취향이나 스타일을 존중하며 가능한 한 수용하려고 노력한다. (   )
5 나는 다른 사람과 갈등이 생겨도 쉽게 흥분하지 않고 감정을 잘 조절한다. (   )
6 나는 다른 사람과 갈등이 생기면 상대방의 상황과 감정을 헤아리려고 노력한다. (   )
7 나는 다른 사람과 갈등이 생기면 충분한 대화를 통해 나의 생각과 감정을
   이해시키려고 노력한다. (   )
8 나는 다른 사람에게 잘못이나 실수를 하면 곧바로 인정하고 사과한다. (   )
9 나는 다른 사람과 갈등이 생기면 책임이나 잘못을 따지기보다 해결에 초점을 맞춘다.
   (   )
10 나는 다른 사람과 갈등이 생기면 내 주장을 관철시키기보다는 함께 승-승win-win할 수
   있는 대안을 찾으려 노력한다. (   )

* **81점 이상** 갈등관리 능력 매우 우수. 계속해서 9~10번 항목에 노력을 기울이면 된다.

* **51~80점** 갈등관리 능력 보통. 갈등이 발생하면 초기 대처 방법이 미숙해 갈등이 더욱 심화되는
  유형이다. 이 점수에 해당되는 사람은 6~8번 항목에 더욱 많은 노력을 기울여야 한다.

* **50점 이하** 갈등관리 능력 미흡. 이 점수에 해당되는 사람들은 가장 먼저 1~4번 항목에 주의를
  기울여야 한다. 다른 사람을 대할 때 정중하고 예의바른 태도를 유지하며 공격적인 말이나 행동을
  삼가고 상대방의 의견이나 취향을 존중하는 마음가짐을 가져야 한다.

올바른 비판을 위한 10계명

1 먼저 상대방을 이해하라

비판을 하기 전에 먼저 상대방을 이해하려고 노력하라. 자신의 입장, 상황, 감정을 이해하고 있다는 것이 느껴져야 비판에 대한 거부감이 줄어들고 잘 받아들일 수 있다.

2 비판하는 이유를 설명하라

내가 상대방을 비판하려는 까닭을 명확히 알게 하라. 상대방에 대한 악의가 있거나 공격하려는 것이 아닌, 상대방에 대한 호의를 유지시키고 상호 간의 이익을 위한 것임을 알게 하라.

3 1 대 1로 비판하라

불가피한 경우가 아니라면 비판은 반드시 1 대 1로 하라. 다른 사람들 앞에서 공개적으로 비판하는 것은 상대방의 자존심에 큰 상처를 줄 수 있으므로 최대한 피해야 한다.

4 직접 관련 있는 사항만 비판하라

본질과 관련 없는 지엽적인 문제, 또는 과거에 발생한 다른 문제는 언급하지 말라. 반드시 직접적으로 관련되어 있는 사항만 지적하라.

5 객관적인 사항만 비판하라

주관적 판단이 아닌 객관적 사실과 근거를 가지고 비판하라. 특히 상대방을 비판하는 과정에서 개인적인 감정이 개입되지 않도록 조심하라.

6 구체적으로 비판하라

추상적이나 일반론적인 이야기, 애매모호한 표현으로 하지 말고 구체적이고 직접적으로 이야기하라.

7 대안을 제시하라

문제점만 지적하지 말고 최대한 해결 방안이라든지 대안을 함께 제시하라. 자신이 기대하는 방향, 어떤 식으로 상대방이 변화했으면 좋을지 의견을 내놓으라.

8 사람에 대해서는 비판하지 않는다

문제가 된 일, 사건에 대해서만 비판하고 사람 자체에 대해서는 비판하지 말라. 상대방을 평가하거나 책임과 잘못을 전가하거나 인격적 가치를 훼손하는 비판은 삼가라.

9 칭찬― 비판― 칭찬하라

샌드위치 화법을 활용하라. 먼저 상대방의 긍정적인 면을 칭찬하고, 그 다음에 문제점을 비판하고, 마지막으로 다시 한 번 칭찬을 해주며 마무리하라.

10 마음이 즐거우면 입을 다물라

누군가를 비판해야 하는데 즐거운 기분이 든다면 입을 다물라. 그것은 비판이 아니라 공격일 것이며, 그렇다면 상대방 역시 절대로 긍정적인 비판이나 조언으로 받아들이지 않을 것이다.

08

선연과 악연은 따로 존재하지 않는다

중국 진晉나라에 환온桓溫과 은호殷浩라는 사람이 있었다. 두 사람은 어릴 때부터 함께 어울려 놀던 매우 절친한 친구 사이였다. 환온은 일찍이 벼슬길에 올라 촉蜀 땅을 평정하는 공을 세웠지만, 은호는 재야에 묻혀 학문에 힘쓰며 지냈다. 그런데 환온의 위세가 날로 커지자 황제는 환온을 견제하기 위해 은호를 발탁해 양주楊州 자사에 임명하고 건무장군建武將軍에 봉했다. 이 때문에 환온과 은호의 관계는 어린 시절 친구였다고 할 수도 없게 급격히 냉랭해져 갔다. 그러던 중 오호십육국五胡十六國의 하나인 후조後趙에 내분이 발생했다. 황제의 명을 받은 은호는 군대를 이끌고 출병했다가 전투 도중 말에서 떨어지는 바람에 제대로 싸워보지도 못하고 참패하고 말았다. 이에 환온은 은호의 죄를 규탄하는 상소를 올렸고, 결국 은호는 변방으로 귀양을 가고 말았다. 사람들이 두 사람의 관계에 대해서 묻자 환온은 이렇게 대답했다.

"은호는 어릴 때 나와 죽마를 같이 타고 놀던 친구였다. 하지만 항상 내가 버리는 죽마를 주워 탔으니 그가 내게 머리를 숙여야 함은 당연한 일 아닌가?"

환온이 끝까지 용서하지 않아 은호는 귀양지에서 돌아오지 못하고 죽고 말았다.

죽마고우竹馬故友, 함께 죽마를 타던 벗으로 어릴 때 아주 긴밀했던 친구를 뜻하는 고사성어다. 그런데 막상 그 유래를 살펴보자면 매우 씁쓸한 느낌을 지울 수 없다. 죽마를 타고 놀던 환온과 은호가 성인이 되어서는 서로의 목숨을 해하는 악연을 맺었으니 그 얼마나 안타까운 일인가!

이처럼 사람의 인연이라는 것은 언제 어떻게 변할지 모르는 것이니 우리는 항상 선연을 구하고 악연을 피하려 노력해야 한다. 사회에서 말하는 인맥관리의 핵심 또한 성공관리라기보다는 인연관리라고 생각해야 한다. 특히 귀인, 선연을 만나려 애쓰는 것보다도 적이나 원수, 악연이 생겨나지 않도록 조심해야 한다.

사실 동서고금을 살펴보면 선연과 악연의 사례는 부지기수로 찾아볼 수 있다. 삼국시대 촉한蜀漢의 제1대 황제 유비, 제갈공명, 관우, 그리고 장비의 관계는 그야말로 인생의 둘도 없는 귀연일 것이다. 도원결의를 통해 형제의 연을 맺고 죽는 날까지 좋은 관계를 이어갔다. 반면에 한고조의 유방과 한신, 장량, 소하의 관계는 선연과 악연을 오락가락한 사례라고 할 수 있겠다. 지금까지도 자주 회자되는 '토사구팽兎死狗烹'이라는 사자성어가 바로 한신이 유방을 원망하며 내뱉은 말이다. 소하 또한 유방으로부터 의심을 받으며 불우한 만년을 보내다 결국 병사하고 말았다. 반면에 장량은 스스로 관직에서 물러나 토사구팽의 참변을 면했으니 그야말로 악연을 피할 줄 아는 지혜를 갖춘 인물이다.

일본 혼다자동차의 창업주 혼다 소이치로에게는 후지사와 다케오라는 인물과의 선연이 있었다. 혼다는 회사 인감 및 재무와 인사에 관한 권한 일체를 후지사와에게 맡기고 자신은 오직 기술개발에만 몰두했다. 즉 후지사와가 경영 전반을 책임지고 혼다는 기술과 생산에만 주력한 것이다. 이렇게 서로에 대한 신뢰와 효율적인 경영 체계가 있었기에 혼다자동차의 성공이 가능했던 것이다. 실제로 혼다 소이치로는 자주 이렇게 말했다.

"후지사와 다케오가 없었다면 혼다는 존재하지 않았다."

미국 마이크로소프트 사의 창업주 빌 게이츠에게는 스티브 발머라는 친구와의 선연이 있었고, 세계 최고의 투자 귀재 워런 버핏에게는 찰리 멍거라는 평생의 친구이자 성공 파트너가 있었다. 그런데 워런 버핏과 찰리 멍거는 일곱 살 차이가 나는 선후배 관계다. 나이가 무슨 상관이랴! 홍콩 최대 재벌 리카싱 청쿵홀딩스 회장은 "인생의 가장 큰 기회란 바로 귀

인을 만나는 것이고, 귀인을 만날 수 있는지는 우리의 인맥에 달렸다"라
고 말했다.

　오늘의 버핏이 있기까지는 찰리 멍거의 역할이 결정적이었던 것으로
알려져 있다. 버핏은 찰리 멍거와 자신을 '샴쌍둥이'라고 일컬으며 "투자
자가 가질 수 있는 최고의 시스템은 이성적이면서 아첨하지 않는 파트너
다"라고 말했다. 출장으로 멀리 떨어져 있을 때에도 버핏은 중요한 문제
는 멍거에게 전화를 걸어 의견을 구한 뒤 최종 결정을 내리곤 했다. 이렇
게 서로의 단점을 보완해주고 장점을 강화시켜줄 수 있는 파트너가 있었
기에 워런 버핏은 50년이 넘도록 성공가도를 달릴 수 있었던 것이다. 이
런 사람을 바로 귀인, 이런 인연을 선연이라고 말할 수 있을 것이다.

　선연이 악연으로, 그리고 다시 선연으로 바뀌는 사례도 살펴보자.

　　옛날 중국에 비위飛衛라는 명궁이 있었다. 하루는 기창紀昌이라
　는 젊은이가 찾아와 활쏘기를 배우고 싶다고 하여 그를 제자로
　삼았다. 처음에는 눈을 깜빡이지 않는 훈련을, 그 다음에는 작
　은 물체를 크게 보는 훈련을 시키니 3년째 되는 해에 기창의 실
　력이 크게 발전했다. 이에 비위는 크게 기뻐하며 명궁이란 칭호
　를 내려줬지만 기창은 만족하지 않았다. 그는 마음속으로 이렇
　게 불평했다.

　　"만약 스승만 없다면 내가 천하제일의 명궁이 될 텐데……."

　　하루는 비위가 숲을 지나가는데 어디선가 화살이 날아오는 소

리가 들려 재빨리 나무 뒤로 몸을 피했다. 바로 기창이 쏜 화살이었다. 두 사람은 십여 차례에 걸쳐 서로를 향해 활을 쏘았다. 하지만 화살은 번번이 중간에서 맞부딪혀 땅에 떨어지고 말았다. 이윽고 비위의 화살은 다 떨어졌고, 기창에게만 단 한 대의 화살이 남았다. 기창이 화살을 시위에 얹어 당기려는 순간, 비위는 나뭇가지를 꺾어들며 말했다.

"나는 이 나뭇가지로 네가 쏘는 화살을 막을 수 있다."

그러곤 실제로 기창이 쏜 화살을 나뭇가지로 정확하게 막아냈다. 이 모습을 본 기창은 비위의 앞으로 달려가 무릎을 꿇고 엎드려 자신의 죄를 참회했다. 비위 역시 눈물을 흘리며 자신이 기창을 올바른 길로 인도하는 데 소홀했음을 뉘우쳤다. 두 사람은 서로의 피로써 부자의 인연을 맹세했다.

다시 한 번 강조하지만 선연과 악연은 따로 존재하지 않는다. 한때는 동지였던 유방과 한신이 세월이 지나면서 적이 되고, 한때는 스승과 제자였던 비위와 기창이 서로를 향해 활시위를 당기는 맞수가 되었다가 다시 부자지간의 연을 맺기도 했다. 이처럼 사람의 인연이란 놀랍고 두렵고 신기한 일이니 말 한 마디, 행동 하나에도 항상 조심을 다해야 한다. 일단 무조건 머릿속에 깊이 새겨두라. 인간관계에서 가장 중요한 것은 선연을 구하고 악연을 피하는 일이라는 사실을.

거절을 잘하기 위한 10계명

1 바로 거절하지 말라

부탁을 듣자마자 거절하는 것은 상대방의 문제를 중요하게 생각지 않는다는 인상을 줄 수 있다. 누군가로부터 부탁을 받으면 일단 검토할 시간을 달라고 요청하라.

2 거절할 가능성을 귀띔해놓으라

부탁을 들어주지 못할 수도 있다는 사실을 미리 언급해놓는다. 그러면 상대 방은 사전에 마음의 준비를 하게 되고, 쉽게 거절을 받아들이며 서운함도 덜 느낀다.

3 시간, 장소, 방법을 잘 선택하라

시간, 장소, 방법을 적절하게 선택하라. 오전보다는 오후가, 공개적인 장소보 다는 독립된 공간에서 거절 의사를 전달하는 것이 바람직하다. 또한 대면, 전 화, 메일 등 어떤 방법으로 거절하느냐에 따라 반감의 정도가 달라질 수 있다.

4 호감과 감사함을 표현하라

거절을 하기 전에 상대방에게 호감을 가지고 있음을 표현하라. 그리고 부탁 을 할 만큼 나를 신뢰하고 있다는 사실에 대해 감사한 마음을 전달하라.

5 거절하는 이유를 자세히 설명하라

부탁을 들어주지 못하는 이유를 구체적으로 상세히 설명하라. 객관적이고 명 확한 근거를 가지고 거절해야 오해나 반감이 생기지 않는다.

6 부분적으로 수용하라

상대방의 부탁 중 들어줄 수 있는 일부분이라도 들어주라. 전부 아니면 전무라는 생각은 버려라. 상대방의 부탁을 들어주기 위해서 최대한 노력하는 모습이 중요하다.

7 대안을 제시하라

다른 부탁은 꼭 들어주겠다는 의사를 밝히라. 이번에는 불가피한 이유 때문에 거절하지만, 다음에 부탁할 일이 있으면 그때는 꼭 들어주겠다고 말하라.

8 인간적으로 호소하라

때로는 인간적인 모습으로 솔직하게 호소하라. 내가 처한 상황, 내가 겪는 갈등을 사실대로 말하고 상대방으로부터 인간적인 이해를 구하라.

9 미안함을 나타내라

부탁을 들어주지 못하는 것에 대해 미안함을 나타내라. 상대방이 느낄 수 있는 서운함, 상대방의 어려움에 대해 공감을 나타내고 도움을 주지 못하는 점에 대해 정중하게 사과하라.

10 반대급부를 제공하라

마음을 표시할 수 있는 선물이나 식사 대접 등을 통해 관계가 지속되기를 바란다는 뜻을 전달하라.

만 남 의   지 혜

09

열 번의 잘함이 한 번의 잘못을 못 이긴다

중국 전국시대, 제나라에 추기鄒忌라는 사람이 있었다. 매우 잘생긴 그는 당시 최고 미남으로 소문난 서공徐公과 자신을 비교하길 좋아했다. 추기는 아내에게 물어보았다.

"나와 서공 중에 누가 더 잘생겼소?"

"당신이 더 잘생겼습니다."

혹시나 싶어서 추기는 첩에게도 손님에게도 물어보았는데 대답은 마찬가지였다. 며칠 후 서공의 얼굴을 자신의 눈으로 직접 확인한 추기는 고민에 빠지지 않을 수 없었다.

"아무리 비교해보아도 서공의 인물이 나보다 훨씬 낫다. 그런데도 왜 사람들은 내게 더 잘생겼다고 말하는 것일까? 그렇다! 아내는 나를 사랑하기에 그렇게 말하는 것이요, 첩은 내 총애를 잃을까 두려워 그렇게 말하는 것이요, 손님은 내게 바라는 것이 있는 까닭에 그렇게 말하는 것이로구나."

얼마 후 추기는 위왕威王에게 자신의 경험담을 들려주며 왕 또한 신하들로부터 직언을 듣지 못하는 위험에 빠질 수 있음을 충고했다. 이에 위왕은 다음과 같은 포고령을 내렸다.

"관리와 백성을 막론하고 내 앞에서 직간直諫하는 자에게는 상등上等의 상을, 상서上書를 올려 간하는 자에게는 중등中等의 상을, 저잣거리에서 비판하는 자에게는 하등下等의 상을 내리겠노라."

흔히 소통과 불통의 리더십을 설명할 때 많이 소개되는 사례다. 위왕의 포고가 나간 후 왕에게 직간하려고 찾아오는 사람들로 인해 대궐 문이 미어질 지경으로 붐볐는데 '문전성시門前成市'라는 고사성어가 이로부터 유래되었다고 한다. 그런데 이번은 조금 다른 관점에서 이야기해보고자 한다. '잘 나갈수록 조심하라'는 것으로, 다른 말로 표현하자면 '호사다마好事多魔를 경계하라' 정도가 되겠다.

중국 청나라 때 조설근曹雪芹이 지은 『홍루몽紅樓夢』에 이런 구절이 있다.

세상에 즐거운 일들이 많지만 영원히 의지할 수는 없는 일이다.
미중부족 호사다마 美中不足好事多魔라는 여덟 글자는 긴밀하게 연결되어 있어서 순식간에 즐거움이 다하고 곧 슬픈 일이 생긴다.

　여기에서 미중부족 호사다마는 '옥에도 티가 있고, 좋은 일에는 탈도 많다'라는 뜻이다. 지금까지 인생을 살아보니 꼭 그렇다. 좋은 일도 언젠가는 끝나게 마련이며, 좋은 일이 겹칠수록 으레 생각지 못했던 탈이 생겨나기도 한다. 어찌 보면 삶이란 새옹지마와 호사다마라는 두 단어 사이에서 아슬아슬한 줄타기를 하는 것인지도 모르겠다. 불운이 닥치면 새옹지마의 지혜를 되새기고, 행운이 거듭 찾아오면 호사다마의 지혜로 몸과 마음을 경계해야 한다. 특히 추기의 지혜를 배워야 한다. 세상 사람들이 모두 나를 칭찬해도 그것에 들떠 자만심에 사로잡히는 일이 있어서는 안 된다. 오히려 냉철한 눈으로 현실을 직시해 자신의 부족한 점을 잊지 않으려고 노력해야 한다.

　춘추시대 위衛나라에 미자하彌子瑕라는 미소년이 있었는데 왕으로부터 남다른 총애를 받았다. 하루는 어머니가 위독하다는 소식을 들은 미자하가 몰래 임금의 수레를 타고 집에 문병을 다녀왔다. 이러한 행동은 법에 의해 최소한 발목을 잘라야 하는 중죄였으나 위왕은 미자하의 효심을 칭찬하며 용서해주었다. 또 한 번은 미자하가 대궐 정원에서 복숭아를 따서 먹다가 남은 것을 임금에게 바쳤다. 그런데도 왕은 자신을 사랑하는 마음이 지극하다며 오히려 미자하를 칭찬했다. 그렇지만 세월이 점점 흐르면서 왕의 총애도 차갑게 식고 말았다. 어느 날, 미자하가 사소한 잘못을 저지르자 왕은 크게 분노하며 이렇게 말했다.

"저놈은 내 수레를 몰래 훔쳐 탄 적이 있고, 자기가 먹던 복숭아를 내게 먹으라고 준 매우 불충한 놈이다. 당장 저놈의 목을 베어라!"

왕의 총애를 받던 몸이 생각지도 못한 사소한 잘못으로 생명을 잃어버렸으니 그야말로 호사다마가 아닐 수 없다. 이처럼 사람의 운명은 하루아침에 돌변할 수 있다.

나는 이러한 사실을 지금까지 두어 차례 뼈저리게 느껴보았다. 그중 한 번은 첫 직장에서 노동조합위원장을 맡았을 때의 일이다. 서른이란 나이에 수천 명의 조합원을 이끄는 조직의 장이 되고 보니 젊은 혈기에 자신감이 넘쳐났고, 그만 자만심에 사로잡히고 말았다. 노사 간 현안을 모두 혼자서 해결하려고 했고, 모든 현안을 100퍼센트 해결할 수 있다고 자신했고, 노동조합이 거둔 성과는 모두 나의 능력 때문이라고 자만했다. 당연한 일이지만 회사에서는 칭찬과 아부만 해댔고, 조합 간부들과 조합원은 입바른 소리나 쓴소리 하는 것을 피하기 시작했으니 나는 천하제일의 미남이라도 된 듯한 착각에 빠져 지낸 것이다. 결국 나는 조합원들의 신임을 잃으며 재선거에서 낙선했고, 몇 달 후에는 3개월 정직이라는 징계를 받는 우여곡절 끝에 회사를 떠나게 되었다.

두 번째는 2003년경에 있었던 일이다. 인터넷 카페에서 활동하던 중에 뜻이 맞는 회원들과 함께 회사를 설립했다. 내가 대표이사를 맡아 의욕적으로 일을 벌여나갔는데 처음에는 순풍에 돛 단 듯이 일이 순조롭게 풀려나갔다. 그런데 아차 하는 사이에 생각지도 못했던 갈등이 나와 내부 임원 사이에 생겨나더니 결국에는 회사 문을 닫아야 하는 지경에 이르기까지 상황이 악화되고 말았다.

두 번 모두 나의 어리석음 때문이었지만, 지금 생각해보면 호사다마를 경계하는 마음가짐이 부족한 탓이 아니었는지 싶다. 잘나갈수록 더욱더 몸과 마음, 말과 행동을 조심했어야 하는데 그러지 못했다. 특히 두 번째 경우는 인간관계를 올바르게 풀어나가지 못해 발생한 문제라서 두고두고 후회스럽게 느껴진다. 그때 조금만 더 겸손했더라면, 조금만 더 예의를 갖춰 사람을 대했더라면, 조금만 더 친한 사람일수록 깍듯하게 대했더라면 어떻게 되었을까. 지금 후회해봤자 돌이킬 수 없는 일이지만 내 인생의 결정적인 변곡점, 그것도 가파른 하향곡선을 그리게 된 사건들이다 보니 지금도 그때 일을 생각하면 매우 큰 아쉬움이 남는다.

굳이 새옹지마의 지혜로 위안을 삼자면 그때 겪었던 뼈아픈 일들이 지금에 와서는 강의와 칼럼에 유용한 사례가 된다는 사실이다. 이때의 경험을 바탕으로 나는 인간관계에서 벌어지는 몇 가지 법칙들을 숫자로 정리했는데 그중 몇 개를 소개하면 다음과 같다.

* 369 법칙

인간관계가 발전되려면 시간이 필요하다. 모르던 사람끼리 처음 만나 서로에 대해 알아가고, 생각과 감정을 이해하고, 친숙해지고, 믿음이 형성되는 단계에 이르기까지는 적잖은 시간이 흘러야 한다. 따라서 낯선 사람과 인간관계를 맺고 이어나갈 때는 369 법칙을 따라야 한다. 사람 사이는 세 번 정도 만나야 잊히지 않고, 여섯 번 정도 만나야 마음의 문이 열리며,

아홉 번 정도 만나야 친근감이 느껴지기 시작한다. 누군가와 좋은 관계를 만들고 싶다면 369 법칙을 명심하고 최소한 아홉 번 이상은 꾸준하게 만남과 연락을 지속하라.

*248 법칙

인간관계는 상호적으로 작용한다. 내가 주는 만큼 돌려받는다. 그러나 실제로는 불균형하게 작용한다. 사람들에게 물어보면 대부분 인간관계에서 자신이 손해를 보고 있다고 느낀다고 한다. 그 이유는 자신이 준 것은 확실하게 기억하지만 상대방에게 받은 것은 쉽게 잊어버리기 때문이다. 또한 자신이 준 것의 가치는 높게 평가하면서 상대방으로부터 받은 것의 가치는 낮게 평가하기 때문이다. 그래서 248 법칙이 필요한 것이다. 248 법칙이란 다른 사람에게 두 개를 받고 싶다면 네 개를 주고, 네 개를 받고 싶다면 여덟 개를 주라는 것이다. 인간관계는 불공평하다. 100퍼센트 기브 앤 테이크란 없다. 그것을 인정해야 좋은 관계가 형성될 수 있다. 248 법칙을 명심하고 받고 싶은 것의 두 배를 주라.

*911 법칙

인간관계는 상호 간의 신뢰가 중요하다. 그런데 신뢰란 형성되기까지는 오랜 시간이 걸려도 깨어지는 것은 그야말로 한순간이다. 주변을 잘 살펴보면 열 번을 잘하다가도 단 한 번의 잘못으로 서로 등을 돌리고 관계에 금이 가는 경우가 허다하다. 따라서 항상 911 법칙을 염두에 둬야 한다. 아홉 번을 잘해도 그 다음 열 번째, 열한 번째는 더욱 잘하려고 조심해야 한다는 것이다. 사람들은 조금만 친해져도 말이나 행동에 조심성이 없어지는 경우가 흔한데, 그러다 보면 자신도 모르게 상대방의 기분을 상하게 만들고 처음에는 좋았던 인연이 어느 사이엔가 악연으로 변하고 만다. 이런 일을 피하고 끝까지 선연을 지켜나가고 싶다면 아홉 번째를 넘어 열 번째도 잘하고 열한 번째에는 더욱 잘하려고 노력해야 한다.

이 중 911 법칙이 바로 호사다마를 피해 갈 수 있는 삶의 지혜다. 지금 내가 상황이 술술 잘 풀리고 있다면, 또는 누군가와의 관계가 생각대로 아주 친해지고 있다면 911 법칙을 명심하라. 나의 말과 행동에 잘못이나 실수가 생겨나지 않도록 더욱 조심하고 경계하라. 인생에서 가장 중요한 일은 복을 부르는 것이 아니라 화를 피해 가는 것이다. 예의는 넥타이와 같고 무례는 올가미와 같다는 사실은 명심하고 잘나갈수록 더욱 정성껏 예의 바르게 사람들을 대하라.

> 66
> 당신이 자주 어울리는 사람과 읽는 책이 변하지 않는다면,
> 지금의 당신이나 5년 후의 당신은 크게 다르지 않다.
> / 찰리 존스 /
> 99

마음의 문도 마찬가지다. 누군가의 마음의 문을 열려면
내가 나쁜 경찰이 아니라는 것, 상대방에게 악의를 지니고 있지 않으며
상대방을 충분히 이해해줄 수 있다는 사실을 보여줘야 한다.

2

길은 잃어도
사람은
잃지 말라

사람의 마음은 콩밭에 있다

"세상에서 가장 어려운 일이 뭔지 아니?"

"흠…… 글쎄요. 돈 버는 일? 밥 먹는 일?"

"세상에서 가장 어려운 일은 사람이 사람의 마음을 얻는 일이란다. 각각의 얼굴만큼 다양한 각양각색의 마음을 얻는 일……. 순간에도 수만 가지의 생각이 떠오르는데 그 바람 같은 마음이 머물게 한다는 건 정말 어려운 거란다.

— 생텍쥐페리, 『어린 왕자』 중에서

세상에서 가장 중요한 일은 사람의 마음을 얻는 일이다. 우리는 평생 부모의 마음, 자녀의 마음, 친구의 마음, 연인의 마음, 상사의 마음, 고객의 마음, 유권자의 마음을 얻기 위해 애쓰며 살아간다. 그렇지만 생텍쥐페리도 말했듯이 사람의 마음을 얻는 일은 세상에서 가장 어렵다. 사람의 마음은 사물과 달라서 원한다고 해서 모두 얻을 수 없다. 그렇다면 어떻게 해야 사람들의 마음을 쉽게 얻을 수 있을까?

동양철학에서는 마음을 인체를 다스리는 주인과 같은 것으로 이해하고 있다. 사람의 내면에서 성품, 감정, 의사, 의지를 포함하는 주체로 보고 있다. 반면에 서양의 정신과학에서는 마음은 뇌의 활동에 불과하며 일정한 자극을 받으면 연쇄적으로 반응하는 메커니즘일 뿐이라고 한다. DNA를 발견한 과학자 프랜시스 크릭 Francis Harry Compton Crick은 "우리가 갖고 있는 즐거움과 슬픔, 소중한 기억, 포부, 자유의지 등은 실제로는 신경세포의 거대한 집합 또는 그 신경세포들과 연관된 분자들의 작용에 불과하다"고 설명했다. 어느 쪽 의견이 맞는지는 모르겠지만, 마음이란 매우 복잡하고 이해하기 어려운 존재라는 사실만큼은 분명한 듯하다. 그렇기에 사람들이 내 마음을 나도 모른다고 하는 것인지도 모르겠다.

한번은 템플스테이에 참가해 다담茶談을 나누다 스님에게 질문을 건넨 적이 있다.

"스님, 사람의 마음을 얻으려면 어떻게 해야 합니까?"
"먼저 사람의 마음이 어디에 있는지를 알아야 합니다. 마음은 어디에 있습니까?"

"글쎄요. 머릿속에 있나요? 아니면 가슴속에?"

"아닙니다. 사람의 마음은 콩밭에 있습니다. 누군가의 마음을 얻으려면 그 사람의 마음이 어떤 콩밭에 머물고 있는지를 알아야 합니다. 어떤 사람의 콩밭은 돈이요, 어떤 사람의 콩밭은 건강이고, 어떤 사람의 콩밭은 일입니다. 상대방의 마음이 있는 콩밭으로 찾아가야 그 사람의 마음을 만날 수 있고 얻을 수 있습니다."

'마음은 콩밭에 가 있다'는 속담을 빗대어 이야기하시는 스님의 말씀은 마치 선문답 같았지만 내게 큰 충격과 깨달음을 안겨주었다. 그날 밤 내내 나는 '마음은 콩밭에 있다'는 말을 되새기며 사람의 마음을 이해하는 방법에 대해 다른 관점에서 생각해보았다.

몇 가지 사례를 살펴보자. 아래 문장을 읽고 'F'가 몇 개인지 찾아보라.

FEATURE FILMS ARE THE RESULT OF YEARS
OF SCIENTIFIC STUDY COMBINED WITH THE
EXPERIENCE OF YEARS.

몇 개를 찾았는가? 세 개? 그렇다면 틀렸다. 대부분의 사람이 세 개를 찾아내는데 정답은 여섯 개다. 다시 한 번 잘 살펴보라. 'OF'에도 'F'가 들어 있고, OF란 단어가 세 개 있다. 이런 현상을 시각적 맹목성 또는 인지적 맹목성 효과라고 한다. 즉 중요하다고 생각되는 것에 관심이 집중되면 중요하다고 생각되지 않는 것은 보아도 인지되지 않는 현상을 의미한다. 앞 영어 문장을 살펴볼 때 우리의 뇌는 조건반사적으로 긴 단어를 중요하게 여기고, 'OF'와 같은 짧은 단어는 중요하지 않은 정보로 파악한다. 결과적으로 긴 단어에만 주의를 집중시키고 짧은 단어에는 주의를 기울이지 않음으로써 보아도 보지 못하는 결과를 초래하는 것이다.

심리학에 이와 관련된 흥미로운 실험 한 가지가 있다. 여섯 명의 학생을 두 팀으로 나눠 각각 검정 옷과 흰 옷을 입게 했다. 그리고 팀별로 농구공을 패스하게 한 뒤 중간에 고릴라 의상을 입은 한 학생이 잠깐 등장해 가슴을 탕탕 두드리고 걸어 나가는 장면을 비디오로 찍었다. 이 비디오를 실험 참가자들에게 보여주고 백색 팀의 패스 횟수를 세어보라고 했다. 사실 이 실험의 목적은 정확한 패스 횟수가 아니라 잠깐 등장한 고릴라를 인지했느냐 하는 것이었다. 그런데 놀랍게도 실험 참가자의 절반 이상이 고릴라를 보지 못한 것으로 조사되었다. 농구공의 패스 회수에만 주의를 집중하다 보니 시각적 맹목성이 나타난 것이다.

고은의 시 「그 꽃」은 그러한 현상을 압축적으로 잘 표현하고 있다. 시에서 화자는 말한다. 올라올 때 보지 못했던 꽃을 내려갈 때 보았다고. 똑같은 꽃인데 왜 보지 못했을까? 당연히 올라갈 때의 관심은 산꼭대기에 있기 때문이다. 빨리 정상에 도착하고 싶은 분주한 마음에 바로 길옆에 피어 있는 꽃인데도 보지도 못하고 스쳐 지나간 것이다. 그러다가 등산을 마치고 한가로운 마음으로 산을 내려오다 보면 그제야 미처 보지 못했던 꽃이 눈에 들어오는 것이다.

그렇다면 사람을 대하는 데 있어서 우리는 어떠할까? 'F'나 '꽃'처럼 내가 보고 싶은 사람만 보고 있는 것을 아닐까?

미국 프리스턴 대학교의 심리학자 수전 피스크Susan Fiske는 백인 실험 대상자들에게 쓰레기, 수족 절단, 사람의 오물과 같은 사진을 보여준 결과 '뇌도'라고 알려진 뇌의 영역이 활성화되는 것을 발견했다. 뇌도는 극단적으로 혐오스러운 감정이나 경멸감에 관련된 영역이다. 한편 뇌에는 인간이 다른 인간의 존재나 그들 자신에 대해 생각할 때 활성화되는 내측전전두피질이라는 영역이 존재한다. 연구팀은 다시 실험 대상자들에게 길거리 노숙자들의 사진을 보여주었다. 그러자 뇌도는 매우 강하게 활성화되는 반면 내측전전두피질은 일체 반응을 나타내지 않았다. 연구팀의 설명에 의하면 실험 대상자들이 노숙자들을 볼 때의 뇌 반응은 '마치 쓰레기더미가 발에 채인 것과 같은 것'이었다. 즉 노숙자들을 인간 존재로 보지 않은 것이다.

수전 피스크는 다시 새로운 실험을 시도했다. 실험 대상자들에게 "이 걸인은 어떤 채소를 좋아할 것 같은가?"라는 질문을 마음속으로 하게 한 것이다. 그 결과 인간 존재를 인식하는 영역인 내측전전두피질이 활성화되었으며 '혐오스러운 쓰레기' 반응은 전혀 활성화되지 않았다. '채소 기법'을 통해 노숙자를 생명 없는 쓰레기가 아니라 진짜 인간 존재로 인식하게 된 것이다.

오래전 일이다. 지하철 환승통로를 걸어가는데 갑자기 한 여성이 다가와 카탈로그를 건네며 말을 걸어왔다.

"안녕하세요! 괜찮으시면 이 자료 한번 읽어보시겠어요?"

30대 초반의 여성이었는데 건네는 자료를 얼핏 살펴보니 건강보조식품에 관련된 내용 같았다. 용기가 대단하다는 생각에 자료를 받아들며 명함을 하나 건네주었다.

"저는 양광모 소장이라고 해요. 제가 인터넷 카페를 운영하는데 하시는 일에 도움이 될 테니 와서 보시고 꼭 가입하세요."

그러고는 인사를 나누고 헤어졌다. 며칠 후 모르는 전화가 걸려와 받으니 그 여성이었다.

"선생님, 이번 주에 저희 회사에서 사업설명회가 있는데 한번 참석해주시겠어요?"

"죄송합니다. 제가 이번 주에는 일이 좀 바빠서요……."

"그러면 다음 주에는 어떠세요? 매주 설명회가 있거든요."

"정말 죄송합니다. 제가 당분간은 일이 좀 많아서요……."

"제가 아직 카페를 못 들어가봐서 어떤 분이신지는 모르겠지만 정말 바쁘시네요?"

나는 잠시 망설이다가 그녀에게 도움이 되길 바라는 마음에 이렇게 대답했다.

만 남 의   지 혜

"제가 설명회에 참석하지 않는 이유가 그거예요. 괜찮으면 한 말씀만 드릴게요. 누군가의 관심을 받고 싶으면 먼저 그 사람에게 관심을 가지세요. 누군가의 마음을 얻고 싶으면 먼저 그 사람에게 마음을 주세요. 제가 명함을 줬고 카페 가입까지 추천했는데, 거기에 대해서는 아무런 관심도 없으시잖아요. 그렇게 해서는 절대로 다른 사람의 마음을 얻을 수 없습니다."

"네, 알겠습니다. 카페 가입해서 선생님에 대해 알아보고 다시 연락드릴게요."

순수하고 앳된 인상의 그녀에게 특별히 잘못이 있는 것은 아니다. 다만 인간관계의 본질이 철저하게 상호성 측면이 강하다 보니 사람은 자신에게 관심을 나타내는 사람에게만 관심을 갖게 되고, 자신에게 먼저 마음을 여는 사람에게만 자신의 마음도 열어주게 된다. 따라서 누군가의 마음을 얻고 싶으면 먼저 그 사람에게 순수한 관심을 기울여야 한다. 그렇지 않으면 그 사람의 마음은 보이지 않는 F, 보이지 않는 고릴라, 보이지 않는 꽃, 쓰레기더미처럼 인식될 것이고 결국 그 사람의 마음을 얻는 일은 불가능해질 것이다.

지금까지 말한 내용을 정리해보자. 첫째, 사람의 인지 능력은 불완전하고 자기중심적이다. 내가 만나는 사람을 보지 못한 꽃이 아니라 인간이라는 소중한 존재로, 나이나 지위 및 이해관계를 떠나 모두 똑같은 'F'로 바라볼 수 있도록 노력하라. 둘째, 사람의 마음은 콩밭에 가 있다. 누군가의 마음을 얻고 싶으면 먼저 그 사람의 콩밭에 깊은 관심을 기울이라. 마음을 얻으려 하지 말고 먼저 내 마음을 주는 것, 그것이 사람의 마음을 얻는 유일한 비결이다.

좋은 관계를 만드는 7가지 '심心'

1 열심熱心
형식적으로 대하지 말고 심성을 다해 대하라.

2 진심眞心
거짓된 마음 말고 진실된 마음으로 대하라.

3 관심觀心
상대방에게 깊은 관심을 보이라.

4 선심善心
도움을 베풀려는 마음을 지니라.

5 애심愛心
상대방을 아끼고 사랑하는 마음을 가지라.

6 조심操心
잘못이나 실수가 없도록 조심하라.

7 인내심忍耐心
상대방의 잘못이나 실수는 참고 이해하는 너그러운 마음을 가지라.

11
나는 착한 경찰입니다

알리바바가 내게 물었다.

"혹시 '착한 경찰과 나쁜 경찰 심리학'을 알고 있나요?"

나는 고개를 갸우뚱거리며 어깨를 으쓱거려 잘 모르겠다는 뜻을 표시하였다.

"착한 경찰과 나쁜 경찰 심리학은 경찰 수사과정에서 나온 용어입니다. 경찰들은 용의자를 심문할 때 의도적으로 역할을 분담합니다. 제일 먼저 나쁜 경찰의 역할을 맡은 사람이 매우 공격적이고 거친 방법으로 용의자를 심문하죠. 마구 욕설과 협박을 퍼부으며 매우 불리한 조사결과가 있을 것이라고 겁을 줍니다. 그러는 동안 착한 경찰의 역할을 맡은 사람은 뒤쪽 편에 가만히 앉아 있거나 이따금씩 나쁜 경찰을 제지하며 용의자의 편을 들어주는 것처럼 행동합니다. 그러다 나쁜 경찰이 자연스럽게 자리를 비우면 착한 경찰이 대신해서 심문을 시작하죠. 대개 나쁜 경찰의 심문방법을 사과하고 용의자에게 담배나 음료수를 권합니다. 그리고 자신에게 자백을 하면 유리한 형량을 받도록 힘써 주겠다고 설득합니다. 그러면 대부분의 용의자는 착한 경찰에게 모든 것을 털어놓게 되죠."

— 양광모, 『마음을 여는 일곱 가지 주문』 중에서

　사람의 마음은 불가사의하다. 로렌스 던피는 "닫힌 마음은 수수께끼와 같다. 그 마음속으로는 아무것도 들어가는 법이 없다. 더 신기한 것은 아무것도 나오지 않는다는 것이다"라고 했다. 19세기 영국의 화가 윌리엄 홀먼 헌트는 〈등불을 든 그리스도〉라는 작품을 그렸다. 한밤중에 정원에 서 있는 그리스도가 한 손에 등불을 들고 다른 한 손으로는 문을 두드리는 그림이다. 그런데 이 문에는 손잡이가 없다. 그렇다 보니 어떤 사람은 그림을 잘못 그렸다고도 생각한다. 알고 보니 마음의 문을 의미하기 때문에 손잡이가 없는 것이라고 한다. 헤겔도 이와 비슷한 의미의 말을 남겼다. "마음의 문을 여는 손잡이는 오직 안쪽에만 달려 있다"라고.
　로렌스 던피와 헤겔의 말, 윌리엄 홀먼 헌트의 그림은 결국 안에서 먼저 마음을 열어줘야 함을 뜻한다. 즉 자기공개가 먼저 이루어져야 타인과의 커뮤니케이션이 가능하다는 뜻이다.

이런 자기공개(자아공개)와 커뮤니케이션의 상관관계를 설명하는 이론으로 '조해리의 창Johari Window'이 있다. 심리학자인 조셉 루프트Joseph Luft와 해리 잉램Harry Ingham에 의해서 개발되었는데 두 사람의 이름을 합성해 '조해리의 마음의 창'이라고 명명되었다. 이 '조해리의 창'은 자아공개 정도에 따라 네 가지 영역으로 나누어진다.

〈조해리의 창〉

	내가 알고 있는 정보	내가 모르는 정보
상대방이 알고 있는 정보	공개적 영역 (Open area)	눈먼 영역 (Blind area)
상대방이 모르는 정보	숨겨진 영역 (Hidden area)	미지의 영역 (Unknown area)

첫 번째는 공개적 영역open area이다. 나에 관한 정보 중에서 나도 알고 있고 상대방도 알고 있는 정보를 의미한다. 이 영역에서는 상호 간에 개방적인 소통과 공감 형성이 가능해진다.

두 번째는 숨겨진 영역hidden area이다. 나는 알고 있지만 상대방에게는 공개되지 않은 정보를 의미한다. 과거의 경험, 잘못이나 실수, 비밀처럼 다른 사람에게 숨겨져 있는 부분을 뜻한다. 이 영역에서는 자기공개가 선행되어야만 소통과 공감이 가능해진다.

세 번째는 눈먼 영역blind area이다. 특이한 말버릇, 태도, 습관, 성격과 같이 상대방은 알고 있지만 자신은 인식하지 못하는 정보를 의미한다. 이 영역에서는 상대방으로부터 피드백이 선행되어야만 소통과 공감이 가능해진다.

네 번째는 미지의 영역unknown area이다. 나도 모르고 상대방도 알지 못하는 영역이다. 이 영역에서는 소통과 공감 형성이 불가능해진다.

조해리의 창은 자기공개 및 피드백 정도에 따라 네 가지 영역의 크기가 달라진다. 타인에게 자신의 내면을 많이 알리고, 타인의 피드백을 많이 수용할수록 공개적 영역이 넓어진다. 공개적 영역이 넓어질수록 인간관계가 가까워지고 성숙된다. 반면에 자신의 모습을 드러내지 않고 숨기거나 타인으로부터의 피드백이 원활하지 않으면 숨겨진 영역, 눈먼 영역이 넓어지며 단절, 오해, 갈등이 발생한다. 마지막으로 미지의 영역이 넓게 나타나면 고립적인 관계 속에서 심리적 장애를 겪을 가능성이 높아진다. 따라서 누군가와 친밀한 관계를 형성하려면 상대방에게 피드백을 많이 해주어야 한다. 또한 상대방의 미지의 영역에 대해 더욱 많은 관심을 기울이고, 상대방이 자신의 정보를 공개하도록 촉진시켜야 한다.

'페르소나Persona'라는 말은 고대 그리스의 연극에서 배우들이 쓰던 가면을 뜻하는 라틴어에서 유래되었는데 정신분석학자 융에 의해 세상에 널리 알려졌다. 진정한 자신과는 달리 다른 사람에게 투사된 성격을 뜻하는 용어로 타인에게 외면적으로 보이기를 원하는 자기 모습, 사회적 역할에 따라 변화하는 외적인 인격을 말한다. 사람은 보통 수천 개가 넘는 페르소나를 가지고 사회활동을 하는 것으로 전해진다. 이처럼 사람들이 다양한 페르소나를 만드는 이유는 타인으로부터 자신의 내적 자아를 이해

받지 못하고 사랑과 존경을 상실할 수 있다는 두려움 때문이다. 자신의 생각과 상황을 이해해주지 못하는 나쁜 경찰에 대한 두려움이라고 생각하면 된다.

그렇다면 어떻게 해야 상대방 마음의 문을 열게 만들 수 있을까? 마음의 문을 여는 손잡이는 안쪽에만 달려 있기 때문에 그 문이 열릴 것인지는 전적으로 내가 착한 경찰인지에 대한 상대방의 판단에 달려 있다. 집에서 쉬고 있을 때 우리는 초인종 소리가 울리면 바로 문을 열어주지 않고 반드시 "누구세요?"라고 묻는다. 그 이유는 문밖에 있는 사람이 도둑이나 강도는 아닌지, 잡상인이나 배달원은 아닌지, 나를 귀찮게 하거나 피해를 줄 만한 사람이 아닌지 확인하기 위함이다. 마음의 문도 마찬가지다. 누군가의 마음의 문을 열려면 내가 나쁜 경찰이 아니라는 것, 상대방에게 악의를 지니고 있지 않으며 상대방을 충분히 이해해줄 수 있다는 사실을 보여줘야 한다. 그것이 확인되지 않는 한 상대방은 절대로 마음의 문을 열지 않을 것이기 때문이다.

누군가의 마음을 열고 싶은가? 먼저 내 마음의 문을 열고 말하라.

"나는 나쁜 경찰이 아닙니다. 나는 착한 경찰입니다."

- 매일 수염을 깎는 것처럼 마음도 매일 다듬지 않으면 안 된다. **- 마틴 루터**

- 우리는 늙게 마련이지만, 그렇다고 마음까지 늙을 필요는 없다. **- 조지 번스**

- 노인이란 얼굴보다 마음에 더 많은 주름이 잡힌 사람이다. **- 몽테뉴**

- 마음은 극히 주관적인 장소이므로, 그 안에서는 지옥도 천국이 될 수 있고 천국도 지옥이 될 수 있다. **- 존 밀턴**

- 인간에게는 언제나 불운에서 구원받는 장소가 있다. 바로 자신의 마음이다. **- 마르쿠스 아우렐리우스**

- 운명이란 다른 곳에서 찾아오는 것이 아니고 자기 마음속에서 성장하는 것이다. **- 헤르만 헤세**

- 사람은 운명의 포로가 아니라 자기 마음의 포로일 뿐이다. 내일 우리가 실현하고자 하는 것을 막는 것은 오늘 우리가 가진 의구심뿐이다.
  - 프랭클린 루스벨트

- 마음은 낙하산과 같다. 열려야만 쓸모가 있다. **- 조셉 폴트 뉴턴**

- 마음을 열고 다른 사람의 소리를 들어보렴. 다른 사람들도 너처럼 저마다 소신이 있단다. **- 바버라 복서**

- 사람이 부끄러워하는 마음이 없음을 부끄러워할 줄 안다면 부끄러워할 일이 없다. **- 맹자**

- 행복을 얻는 데 가장 큰 장애물은 더 큰 행복을 바라는 마음이다. **- 퐁트넬**

● 눈을 떠라! 행복의 열쇠는 어디에나 떨어져 있다. 기웃거리기 전에 먼저 마음의 눈을 닦아라. – **앤드류 카네기**

● 선한 마음은 모든 음식에 들어가는 양념과 같다. 아무리 훌륭한 성품도 선한 마음이 없으면 가치가 없다. – **톨스토이**

● 아름다움을 찾으려고 온 세상을 두루 헤매도 스스로의 마음속에 아름다움을 지닌 사람이 아니면 그것을 찾을 수 없는 법이다. – **랄프 왈도 에머슨**

12

한 사람을 250명처럼

세계 최고의 자동차 판매왕 조 지라드는 15년 동안 1만 3001대의 차를 판매하며 12년 동안 기네스북에 오른 전설적인 인물이다. 이탈리아 시칠리아 섬에서 이민 온 술주정뱅이의 아들로 태어난 그는 아버지의 폭력에 못 이겨 여덟 살 때부터 구두닦이와 신문팔이를 시작했다. 이후 서른다섯 살이 될 때까지 40여 가지에 이르는 직업을 전전했지만 모두 신통치 않았다. 마지막으로 벌인 사업에서도 사기를 당해 10년 동안 모은 재산을 모두 날리고도 6만 달러에 이르는 큰 빚을 떠안고 말았다. 그러다 그는 자동차 영업에 뛰어들었는데 큰 성공을 거두게 되었다. 그는 자신의 성공 비결로 '조 지라드의 법칙', 일명 '250명의 법칙'을 주장했다.

"한 사람의 인간관계 범위는 대략 250명 수준이다. 나는 한 명의 고객을 250명 보듯이 한다. 한 명의 고객을 감동시키면 250명의 고객을 추가로 불러올 수 있다. 반면에 고객 한 명의 신뢰를 잃으면 250명의 고객을 잃는 것이다. 내가 일주일에 50명을 만나는데 그중 두 명이 내 태도에 불만을 가진다면 그들에게 영향을 받는 사람은 한 달이면 2000명에 달한다. 1년이면 무려 2만 5000명이 내게 손가락질을 하는 것과 같다."

조 지라드가 세계 최고의 자동차 판매왕이 될 수 있었던 까닭은 한 명의 고객을 250명처럼 소중히 대했기 때문이다. 그는 철저하게 '250명의 법칙'에 입각해 세일즈에 임했다. 고객이 계약을 해주면 새로운 고객을 찾기보다는 그 고객에게 관심과 정성을 기울였다. 또 다른 고객이 생기면 역시 그 고객에게 최선을 다했다. 그렇게 해서 그는 마침내 세계 최고의 자동차 판매왕이 될 수 있었던 것이다. 그는 자동차를 팔려고 노력하기보다는 오직 고객을 위해 무엇을 할 것인가를 고민했다. 차를 구매한 고객에게는 매월 편지를 보내 자동차에 결함이나 애프터서비스A/S가 필요한 사항은 없는지 점검하고, 편지 끝에는 항상 "I LIKE YOU"라고 적었다. 이런 조 지라드의 법칙은 좋은 인간관계를 맺는 데에도 적용될 수 있을 것이다.

1967년 하버드 대학교의 스탠리 밀그램 교수는 160통의 편지를 네브

래스카에서 보스턴에 있는 증권 중개인에게 전달하는 실험을 했다. 수취인에게 편지를 가장 빨리 전달할 수 있을 것으로 여겨지는 사람에게 편지를 보내면, 그 편지를 받은 사람이 다시 가장 빨리 편지를 전달할 수 있을 것으로 판단되는 사람에게 편지를 보내는 방식이었다. 이런 식으로 과연 몇 사람을 거치면 편지가 전달될 수 있는지를 알아보고자 한 것이다. 실험 결과 160통의 편지 중 42통이 제대로 수취인에게 전달되었고, 이 42통의 편지가 최종 전달되는 데는 평균 5.5단계가 걸린 것으로 드러났다. 이 실험을 토대로 지구상의 어떤 두 사람도 평균 6단계만 거치면 서로 연결될 수 있다는 6단계 분리 Six Degrees of Separation 이론이 생겨났고, 이렇게 '세상 참 좁다'라는 의미로 '작은 세상 효과 Small World Effect'라는 말이 나왔다.

스탠리 밀그램의 편지 전달 실험 이후에도 작은 세상 효과에 관한 유사한 실험이 몇 차례 더 시도되었다. 대표적으로 케빈 베이컨 게임 Six Degrees of Kevin Bacon과 에르도쉬의 수 Erdos Number를 들 수 있다.

케빈 베이컨은 미국의 영화배우로 20년 동안 〈제이에프케이 JFK〉, 〈리버 와일드〉, 〈슬리퍼스〉, 〈할로우 맨〉 등 수많은 영화에 출연했다. 케빈 베이컨 게임은 영화배우 케빈 베이컨과 다른 할리우드 배우가 몇 단계 만에 서로 영화로 연결되는지를 따져보는 게임이었는데, 조사결과 케빈 베이컨과 대부분의 할리우드 배우들은 6단계 이내에서 서로 연결되는 것으로 밝혀졌다.

에르도쉬의 수는 헝가리 태생의 천재적인 수학자 에르도쉬와 그와 공동으로 논문을 저작한 학자들과의 관계를 나타낸 것으로, 에르도쉬가

2장 · 길은 잃어도 사람은 잃지 말라

500여 명의 학자와 1400편이 넘는 논문을 공저한 데서 비롯되었다. 에르도쉬와 직접 논문을 공저한 사람의 에르도쉬 수는 1이고, 에르도쉬의 수가 1인 사람과 논문을 공저한 사람의 에르도쉬 수는 2가 되는 식이다. 이렇게 조사를 해나가다 보면 세계 각국의 과학자들이 하나의 네트워크처럼 서로 밀접하게 연결되어 있다는 사실을 알게 된다. 참고로 노벨상의 물리학상, 화학상, 경제학상, 의학상 분야의 수상자 중 에르도쉬 수가 8 이하인 사람이 상당수라고 한다.

1998년 9월《네이처》에 실린 논문에 따르면, 인터넷상의 수많은 웹페이지 중 서로 아무 관련 없어 보이는 두 개의 웹페이지가 19번만 클릭하면 서로 연결되었다고 한다. 마이크로소프트 사의 에릭 호비츠 연구원이 2006년 6월 전 세계 MSN 메신저 이용자 1억 8000만 명이 주고받은 3000억 건의 메신저 기록을 조사한 결과, 임의의 두 사람이 평균 6.6단계만 거치면 서로 연결되었다고 한다. 이러한 조사결과를 보면 인터넷 세상 역시 좁다고 할 수 있겠다.

통계학에서는 임의로 두 사람을 선택했을 때 각각 1000명의 사람을 안다는 사회학적 통계로부터 계산해보면, 인구가 5000만 명인 나라에서 두 사람이 서로 알고 있을 확률은 5만분의 1, 두 사람이 공통의 친구를 가지고 있을 확률은 50분의 1, 중간에 친구 하나를 매개시키게 되면 서로가 아는 사람이 나올 확률이 100분의 99 이상이라고 한다. 역시 한 단계만 거쳐도 세상은 급격히 좁아진다. 우리나라에서도 2003년《중앙일보》와 연세대 김용학 교수 팀에 의해 사람 찾기 실험이 이뤄졌는데 평균 3.6단

만 남 의   지 혜

계만 거치면 임의의 두 사람이 서로 연결되는 것으로 조사되었다.

그렇다면 왜 이런 작은 세상 효과가 발생하는 것일까?

간단한 산술적 계산을 해보자. 만약 한 사람이 250명을 알고 있고, 그 사람들이 각각 250명씩 알고 있다면 그 숫자는 6만 2500명이 된다. 이 6만 2500명이 다시 250명씩 알고 있다면 그 숫자는 1562만 5000명이 되고, 여기에 또 250명을 곱하면 39억 625만 명이 된다. 불과 네 단계만 넘어가면 40억 명에 가까운 사람이 하나의 네트워크로 연결되는 셈이니 세상 좁다고 느껴지는 것은 어쩌면 당연한 일이다.

나×250명(1단계)×250명(2단계)×250명(3단계)×250명 (4단계) = 3,906,250,000명

이탈리아의 문학가이자 모험가이며 희대의 바람둥이였던 카사노바는 『불멸의 유혹』(휴먼앤북스)이라는 자서전에서 여성이 자신을 사랑하도록 만드는 방법에 대해 다음과 같이 적고 있다.

여성은 자신이 매우 사랑받고 있으며 매우 소중한 존재라는 사실을 일깨워주는 사람과 사랑에 빠진다. 따라서 여성을 진심으로 사랑하고, 그 여성이 얼마나 아름다운 존재인지 일깨워주고, 그 여성을 소중하게 대해주기만 하면 모든 여성으로부터 사랑받을 수 있다.

우리나라의 가수이자 방송인인 조영남은 '인간 복덕방'이라고 불릴 정도로 폭넓은 인맥을 자랑하고 있다. 그는 한 인터뷰에서 인맥관리의 비법을 묻는 기자에게 이렇게 답했다.

"누가 나에게 반 고흐처럼 외롭게 살다가 죽어서 유명세를 얻겠냐고 묻는다면, 노No. 난 싫어. 난 죽어서 아무도 나를 기억 못하더라도 살아서 사람들과 함께 즐기고 싶어. 그만큼 사람이 좋고, 또한 사람이 소중해."

다른 평가야 어떻든 간에 카사노바나 조영남이나 사람을 대할 때 공통적으로 보이는 태도가 있다. 바로 '사람을 소중하게 생각하고 소중하게 대한다'는 점이다. 이것이 그들이 가진 대인관계의 비법일 것이다. 사실 매우 당연한 원칙이라 대인관계의 비법이라고까지 하기에는 다소 민망하지만, 그만큼 사람들 사이에서 잘 지켜지지 않고 있다는 반증이기도 할 것이다. 기원전 100년, 로마에서 활동했던 시인 푸블리우스 시루스 역시 "우리는 자기 자신에 대하여 관심을 보여주는 사람에게만 관심을 갖게 마련이다"라고 말했다.

결국 조 지라드, 카사노바, 조영남, 시루스의 말은 모두 심리학 용어 '상호성의 법칙'에 대한 각기 다른 표현인 셈이다. 사람은 누구나 자신을 소중하게 생각하고 소중하게 대해주는 사람과 좋은 관계를 맺고 싶어 하며 그렇게 된다.

불가와 다도에 쓰이는 말 중에 '일기일회一期一會'라는 사자성어가 있다. '평생 단 한 번의 만남' 또는 '타인과의 만남을 평생 단 한 번의 만남처럼 여기고 소중하게 대하는 마음가짐'을 의미한다. 이와 다른 말로 '삼생유행三生有幸'이라는 불교 용어가 있다. 이는 태어나기 이전의 세상인 전생前生, 지금 살고 있는 세상인 금생今生, 죽은 이후의 세상인 후생後生 등 세 번의 생에 걸쳐 만나는 남다르고 특별한 인연을 의미한다.

지금부터 다른 사람을 만날 때는 한 사람 한 사람을 마치 250명처럼, 그리고 일기일회의 마음으로 대하라. 틀림없이 삼생유행의 귀한 인연이 만들어질 것이다.

2장 · 길은 잃어도 사람은 잃지 말라

1 24시간, 365일 네트워킹하라

인맥은 운이 좋으면 발견되는 산삼이 아니라 땀과 정성으로 길러내는 인삼이다. 성심을 다해 보살피는 만큼 더욱 좋은 인삼을 얻을 수 있는 것처럼 사람과의 만남도 그렇다. 일기일회의 마음으로 그 만남의 꽃을 피우라.

2 미소와 자신감으로 만나라

첫인상은 중요하다. 처음 만났을 때 어떤 인상을 주느냐에 따라 평가가 달라진다. 그렇다고 첫인상을 위해 외양을 치장하는 것에 목숨 걸 필요는 없다. 그보다 중요한 것은 웃는 얼굴과 자신감 넘치는 당당한 태도다. 웃는 여자는 다 예쁘다는 노랫말이 있는 것처럼 웃는 얼굴을 싫어하는 사람은 없다. 처음 만남은 미소와 자신감 있는 태도로 임하라.

3 악수는 힘 있게 하라

악수는 무기를 가지고 다니던 중세 시대에 적의가 없음을 보여주는 의미로 시작된 인사법이다. 그런 만큼 신뢰를 나타낸다. 따라서 죽은 물고기처럼 맥없이 하거나 손끝만 잡고 살짝 흔드는 식은 삼가라. 적당한 힘을 주어 따뜻한 느낌으로 악수해서 우리가 신뢰를 쌓아갈 수 있는 사이임을 어필하라.

4 명함은 먼저 받고 나중에 주라

명함은 그 사람이 누구인지를 나타내주는 정보이니만큼 잘 다뤄야 한다. 명함을 주고받을 때에는 두 손으로 주고 두 손으로 받으라. 그리고 상대방의 명함부터 먼저 받고 내 명함은 나중에 주라. 명함을 받으면 바로 명함집이나 가방에 집어넣지 말고 자세히 살펴보고 명함에 있는 내용에 대해 대화를 나누라.

5 자기소개는 끌리게 하라

자기소개의 목적은 상대방으로 하여금 호감을 갖게 하고 기대감을 형성하도록 하는 것이다. 나의 강점, 장점, 비전을 알려 자신의 인맥으로 만들고 싶다는 생각을 갖게 하는 것이 중요하다. 간결하고 임팩트 있는 소개로 상대방의 마음을 끌어당기라.

6 커뮤니케이션할 때는 듣고 또 들으라

대화할 때는 말하기보다 들으라. 귀로 듣고, 눈으로 듣고, 머리로 듣고, 가슴으로 들으라. 상대방의 생각과 욕구, 입장과 상황을 헤아리라.

7 스킨십으로 친밀함을 전달하라

적절한 스킨십은 보다 친밀감을 느끼게 해준다. 손을 잡아주라. 가볍게 포옹하라. 팔짱을 끼라. 어깨동무를 하라. 어깨나 등을 두드려주라. 신뢰와 우애를 친근감 있게 전달하라.

8 고운 정, 미운 정이 들게 하라

'Out of sight, out of mind'라고 했다. 안 보면 멀어지는 게 사람 마음이다. 반대로 보면 볼수록 정이 든다. 티격태격하는 사이일지라도 자주 보면 미운 정이 드는 것이 또 사람이다. 이렇게 고운 정, 미운 정이 들다 보면 단단한 사이가 된다. 자주 연락하고 자주 만나서 정을 쌓아라. 한 달에 한 번 이상 문자를 보내고, 3개월에 한 번 이상 전화하라. 6개월에 한 번 이상 직접 만나고, 1년에 한 번 이상 선물하라.

9 상대방을 알려고 하고, 좋아하고, 신뢰하라

나를 알게 하라. 그 전에 먼저 상대방을 알라. 나를 좋아하게 하라. 그 전에 먼저 상대방을 좋아하라. 나를 신뢰하게 하라. 그 전에 먼저 상대방을 신뢰하라. 나를 궁금해하는 사람을, 나를 좋아해주는 사람을, 나를 신뢰하는 사람을 싫어하는 사람은 없다. 먼저 알려고 하고, 좋아하고, 신뢰한다면 상대방도 자연스레 나에 대해 관심을 보이고 사랑을 주고 믿음을 줄 것이다.

10 실제적인 도움을 주라

쌀이 떨어진 사람에게는 "쌀이 떨어져 슬프겠구나" 하는 위로보다는 쌀을 주는 것이 중요하다. A로 가야 하는 사람을 아무리 편안하게 B로 데려다 놓은들 도움을 준 것이라 할 수 없다. 구덩이에 사람이 빠졌는데 옆에 멀쩡히 있는 사다리를 못 보고 내 손만 들이민다면 소용이 없다. 내 입장에서가 아니라 그 사람 입장에서 실제적인 도움을 주라.

만 남 의 지 혜

13

누군가를 내 편으로 만들고 싶다면

몽고의 영웅 칭기즈칸이 한번은 케레이트 부족장 옹 칸의 계략에 빠져 전투에서 패하고 발주나 호수로 달아나게 되었다. 열아홉 명의 부하들과 함께 흙탕물을 마시며 목숨을 연명하던 칭기즈칸은 하늘을 우러러 이렇게 맹세했다.

"만일 내가 이 사람들을 잊어버린다면 흙탕물처럼 되게 하소서."

이후 열아홉 명의 부하들은 몽골 통일과 세계 정복에 크게 활약했다. 칭기즈칸은 전투가 벌어질 때마다 선두에 서서 돌격했고, 전쟁에서 얻은 전리품은 부하들과 평등하게 나눴다. 전쟁 중에 포로로 잡혀간 아내가 적군의 아이를 임신했다는 사실을 알면서도 다시 받아들였고, 아내가 낳은 아이를 자신의 핏줄로 인정해주었다. 또한 자신의 목에 화살을 명중시킨 타이치오드 부족의 병사 지르고아다 이를 부하로 삼고 제베라는 이름을 내려주었다. 칭기즈칸의 몽골 통일에 공헌을 세운 여덟 명의 부하를 4구狗 4준駿이라 부르는데, 이 는 네 마리의 사냥개와 네 마리의 빠른 말이란 뜻이다. 제베는 4구狗 의 한 사람이 되어 칭기즈칸을 위해 큰 공을 세웠다.

사람들을 내 편으로 만드는 비결은 무엇일까? 딱 한 가지, 내가 먼저 상 대방의 편이 되어주는 것이다. 영화 〈친절한 금자씨〉를 보면 잘 알 수 있 다. 누명을 쓰고 감옥에 가게 된 금자 씨는 복수를 결심한다. 그러곤 다양 한 방법을 통해 재소자들을 한 사람씩 자신의 편으로 만들어나간다. 남파 간첩인 치매 할머니의 병수발을 정성껏 해줘 사제총 제작법이 담긴 책을 물려받고, 한 죄수에게는 제과제빵 기술을 가르쳐줘 출소 후에 필요한 자 금을 제공받는다. 감옥 내에서 집단 괴롭힘을 당하던 죄수를 감싸주며 자 기편으로 만들고, 심지어 신부전증에 걸린 죄수에게 자신의 신장까지 기 증해줌으로써 복수에 필요한 결정적인 도움을 받는다.

모두 핵심은 한 가지다. 누군가를 내 편으로 만들고 싶다면 돈이든 물 질이든 정보든 도움이든 그 무엇이든 간에 내가 먼저 베풀어 그 사람의 편이 되어주어야 한다는 것이다. 류시화의 『사랑하라, 한 번도 상처받지 않은 것처럼』이란 책을 통해 널리 알려진 오마르 워싱턴의 시 「나는 배웠 다」를 보면, 다른 사람으로 나를 사랑하게 만들 수 없고 할 수 있는 일이 있다면 사랑받을 만한 사람이 되는 것뿐이라는 내용이 있다. 실제로 우리는 타인으로 하여금 억지로 나를 사랑하게 만들 수도 억지로 내 편으로 만들 수도 없다. 우리가 할 수 있는 일이란 오직 먼저 그 사람을 사랑하고 먼저 그 사람의 편이 되어주는 것뿐이다.

잠깐 이런 가정을 해보자. 당신이 지금 항공사에 근무하고 있는데 조금 전 매우 심각한 상황이 발생했다. 특별히 문제될 게 없는 업무 처리에 대해 공연히 생트집을 잡는 고객과 홧김에 언쟁을 벌이고 만 것이다. 기분이 몹시 상해 있는데 사장이 다가와 고객에게 이렇게 말해준다면 당신의 기분은 어떨까?

"고객이 늘 옳지는 않습니다. 만약 그렇게 생각한다면 사장이 직원들을 크게 배신하는 게 됩니다. 고객은 때때로 잘못된 일을 합니다. 우리는 그런 고객을 수송하고 싶은 생각은 없습니다. 우리는 그런 사람들에게 이런 편지를 보냅니다. '다른 항공편을 이용하세요. 우리 직원들을 괴롭히지 마세요.'"

혹시 불가능한 일이라고 생각하는가? 그렇지만 실제로 이렇게 말한 사람이 있었다. 바로 미국 사우스웨스트 항공의 허브 캘러허 회장이다. 어쩌면 당신은 마음속으로 이렇게 생각할지도 모른다.

'그런 사장과 같이 일하는 사람들은 얼마나 좋을까? 정말 열심을 다해 일할 텐데……'

실제로도 그랬다. 1994년 10월 16일, 사우스웨스트 항공의 1만 6000명 임직원들은 자발적으로 돈을 모금해 미국의 일간지《USA투데이》에 다음과 같은 내용의 감사 편지를 실었다.

> 허브, 고맙습니다. 모든 직원의 이름을 일일이 기억해준 것을,
> 추수감사절 날 수화물 적재를 직접 도와준 것을, 모든 사람에게
> 키스해준 것을, 우리가 하는 말에 관심 있게 귀 기울여준 것을,
> 유일하게 흑자를 내는 항공사를 경영해준 것을, 휴일 파티에서
> 노래를 불러준 것을, 직장에서 반바지와 운동화를 신게 해준 것
> 을, 할리데이비슨 모터사이클을 타고 사우스웨스트 본사에 출
> 근한 것을, 보스가 아니라 친구가 되어준 것을 1만 6000명 임
> 직원이 진심으로 감사를 드립니다.

사람을 어떻게 대해야 하는지 알 수 있는 대목이다. 사우스웨스트 항
공사 직원들이 허브 캘러허에게 쓴 이 감사 편지는 많은 것을 깨닫게 한
다. 생각해보라. 이 얼마나 멋진 일인가! 부하직원들로부터 진심 어린 감
사와 존경을 받는, 보스가 아니라 친구 같은 사장이라니! 게다가 한 차례
의 파업을 제외하곤 노사분규가 전혀 없는 기업, 단 한 명의 인원 감축도
없는 기업, 그러면서도 48분기 연속 흑자를 내고 있고 30년 평균 주가
수익률 1위를 기록하며 미국에서 가장 일하고 싶은 기업 1위(1998년과
2002년), 세계에서 가장 존경받는 기업 2위(2005년)로 회사를 성장시키
다니! 정말 대단하지 않은가.

어떻게 이런 일이 가능했을까? 그 비결은 어디에 있을까? 칭기즈칸처

럼 허브 캘러허 역시 부하직원들의 편이 되어준 것뿐이다. 미국의 시인이자 사상가인 랄프 왈도 에머슨은 이렇게 말했다.

"친구를 얻는 유일한 방법은 자신이 먼저 친구가 되는 것이다."

사람들을 내 편으로 만들려고 애쓰지 말라. 그보다는 내가 먼저 사람들의 편이 되라. 그것이 사람들을 내 편으로 만드는 비결이요, 가장 빠른 지름길이다.

> 실력과 재능으로 사업에서 성공하는 것은 전투에서 승리하는 것이지만,
> 신뢰와 진실된 마음의 휴먼네트워크를 구축하는 것은 전쟁에서 승리하는 것이다.
> / 이병철 /

14

이름을 기억하고 불러주는 것

일본의 도요토미 히데요시[豊臣秀吉]는 농민의 아들로 태어났으며 볼품없는 외모 때문에 원숭이, 대머리쥐 등의 별명으로 불렸다. 이런 그가 일본 통일이라는 대업을 달성할 수 있었던 것은 탁월한 대인관계 능력 덕분이었다. 『조선왕조실록』은 도요토미 히데요시에 대해 다음과 같이 기록하고 있다.

원래 그는 출신이 매우 비천하여 꼴을 베어 파는 생활을 하였다. 어느 날 오다 노부나가[織田信長]가 출행할 때 옷을 벗은 채 수레 앞을 가로막고 누워 있었다. 부하들이 죽이려 하는 것을 제지하고 노부나

만 남 의   지 혜

가는 그에게 변소지기 일을 시켰다. 그런데 어쩌나 청소를 깨끗이 하는지 그가 맡은 후부터는 변소에서 전혀 냄새도 나지 않고 티 하나를 발견할 수 없었다. 이에 노부나가는 자신의 신을 만들게 하였는데 도요토미 히데요시는 정성을 다해 신을 삼아 바쳤다.

그러던 중 도요토미 히데요시가 오나 노부나가의 신임을 얻게 된 결정적 사건이 생겼다. 몹시 추운 겨울날씨임에도 항상 신발이 따뜻한 것을 이상하게 여긴 오다 노부나가는 도요토미 히데요시를 불러 물었다.

"어떤 방법으로 신발을 따뜻하게 보관한 것이냐?"
"신발이 차가워지지 않도록 가슴에 품고 있었습니다."

이 말을 들은 오다 노부나가는 크게 감동했고, 하급무사에 불과했던 도요토미 히데요시에게 중책을 맡기기 시작했다.

여기서 내가 말하고 싶은 바는 '따뜻한 사람이 되라'는 것이다. 사실 도요토미 히데요시의 사례가 이런 주제의 글에 적합하다고는 생각지 않는다. 오히려 이후에 '감동'을 주제로 한 이야기에 더 잘 어울릴 것이다. 그럼에도 여기에서 사례를 인용하는 것은 인생을 살며 수많은 사람들을 만나 보니 결국 두 가지 유형으로 나눠지더라는 경험 때문이다. 따뜻한 사람과 차가운 사람으로 말이다. 어떤 사람은 따뜻한 말과 행동을 하고, 어떤 사람은 차가운 말과 행동을 한다. 당연한 결과겠지만 차가운 사람에게는 차가운 인간관계가 남고, 따뜻한 사람에게는 따뜻한 인간관계가 형성된다.

여러 차례 방송에서도 소개되어 많은 사람에게 익숙해진 안도현의 시「너에게 묻는다」를 되새겨보자. 연탄재 함부로 차지 말라며 너는 누구에게 한 번이라도 뜨거운 사람이었느냐고 묻고 있는 그 시. 이쯤에서 나도 다시 한 번 물어보고 싶다. 당신은 누구에게 한 번이라도 따뜻한 사람인 적이 있었는가? 물론 가족, 친구, 사랑하는 연인에게는 한 번쯤 따뜻한 사람이었을 것이다. 그렇다면 이렇게 질문을 해보자. 당신은 평상시에 주변 사람들로부터 참 따뜻한 사람이라는 말을 많이 듣는 편인가, 아니면 참 차가운 사람이라는 말을 많이 듣는 편인가?

아쉽게도 나는 차갑다는 말을 많이 듣는 사람이다. 심지어 오래전 신혼살림을 차렸던 전세방의 주인은 아내에게 이렇게까지 말했다.

"어쩌면 신랑은 앉은 자리에서 풀도 안 나게 생겼어."

물론 외모 때문에 한 말이겠지만, 실제로도 내 성격은 차가운 편이다. 대인관계 성향으로 구분하자면 냉담형에 가까워 타인에 대한 관심이나 애정이 많지 않은 유형이다. 당연히 가족이나 친구, 주변 사람들을 살갑게 대하거나 따뜻하게 대하는 일이 드물다. 그렇게 차가운 사람임에도 아직까지 나를 떠나지 않은 지인들이 많다는 사실을 생각해보면 참 인복 하나만큼은 그 누구도 부럽지 않게 타고났다는 기쁨과 안도감을 느낀다. 그러면서도 아쉬운 생각은 든다. 내가 조금만 더 따뜻한 성향의 사람이었다면 얼마나 좋았을까 하는.

성향은 어린 시절부터 고착화된 일종의 버릇이라 쉽게 바뀌지 않는다. 만약 내가 지금의 나보다 조금만 더 따뜻한 마음을 가진 사람이었다면 틀림없이 내 인생은 180도 달라졌을 것이다. 보다 큰 성공, 보다 친밀한 인간관계를 맺으며 지금보다 더욱 행복하게 살았을 것이다. 인간관계에는 동기, 신념, 성향, 기술이라는 네 가지 요소가 영향을 미치는데 이 중에서도 사람에 대한 신념과 어린 시절에 형성된 대인관계 성향이 가장 결정적인 영향을 끼친다. 즉 원래 따뜻한 사람이 좋은 관계를 맺을 수 있는 것이요, 원래 차가운 사람이 인위적인 노력에 의해 따뜻한 말과 행동을 하는 것만으로는 한계가 있다는 말이다.

흔히 대인관계에 뛰어난 사람으로 미국의 제26대 대통령 테오도어(시어도어) 루스벨트를 손꼽는다. 현재 전 세계적으로 큰 인기를 얻고 있는 테디 베어 인형도 루스벨트와 관련된 일화에서 만들어진 것으로 알려져 있다.

1902년 11월, 미시시피로 곰 사냥을 간 루스벨트는 그날따라 한 마리도 잡지 못한 채 허탕을 치고 있었다. 이를 안타깝게 여긴 보좌관 한 명이 대통령의 체면을 살려주기 위해 새끼 곰 한 마리를 생포해왔는데, 루스벨트는 정당하지 못한 일이라고 말하며 새끼 곰을 풀어주었다. 이 사실을 알게 된 만화가 클리포드 베리만이 《워싱턴포스트》에 삽화를 실었으며, 곧이어 모든 언론을 통해 루스벨트와 새끼 곰에 관한 이야기가 알려지게 되었다. 이때 뉴욕에서 장난감 가게를 운영하던 모리스 미첨이 자신이 만든 곰 인형에 '테디'라는 이름을 붙여 팔기 시작했고, 인형은 날개 돋친 듯 팔려 대성공을 거두었다.

어디 새끼 곰뿐이겠는가. 루즈벨트는 사람에게도 따뜻하고 상냥했다. 루즈벨트의 시종이었던 제임스 아모스는 『시종들의 영웅 루스벨트』라는 책에서 다음과 같은 일화를 전하고 있다.

> 언젠가 아내가 루스벨트 대통령에게 메추라기에 대해 물어보았다. 한 번도 그녀는 메추라기를 본 적이 없었기 때문이었다. 루스벨트는 친절하게 메추라기에 대해 설명해주었다. 며칠 후 아침, 갑자기 루스벨트가 전화를 걸어 이렇게 말했다.
> "어서 아내와 함께 백악관 뒤편 정원으로 나가보게나. 거기 지금 메추라기 한 마리가 앉아 있다네."

훗날 대통령 직에서 퇴임한 루스벨트가 백악관을 방문하게 되었다. 그는 오랜만에 만나는 하인들의 이름을 일일이 기억하며 인사를 나눴다. 잠시 후 루스벨트가 만찬에 참석하기 위해 행사장으로 들어서는데 주방 하녀였던 앨리스와 마주쳤다. 그녀의 손에는 옥수수 빵이 몇 개 들려 있었다.

"앨리스, 아직도 옥수수 빵을 자주 만드는가?"
"아닙니다. 요즘에는 윗분들이 잘 드시지 않기 때문에 하인들을 위해서만 가끔 만든답니다."

"아니 저런, 그 사람들은 빵맛을 잘 모르는 모양이군. 태프트 대통령을 만나면 내가 자네의 빵 만드는 솜씨를 말해주지. 어디 그 빵 한 조각만 건네주겠나?"

루스벨트는 앨리스로부터 빵을 받아 들고 손으로 뜯어먹으며 말했다.

"앨리스, 예전이나 지금이나 자네는 세상에서 가장 맛있는 빵을 만드는 사람이야. 정말 고맙네."

소위 인맥관리 전문가라고 불리는 사람으로서 단언하건대 루스벨트가 보여준 말과 행동은 절대로 기술에서 나오는 것이 아니다. 사람에 대한 따뜻한 애정에서 비롯되는 것이다. 누군가의 이름을 불러주는 것이 그 사람과 가까워지는 비결이라는 생각 때문에 그러는 것이 아니라, 그 사람에 대한 따뜻한 관심과 애정이 있기 때문에 자연스럽게 이름을 기억하고 불러주는 것이다. 그러니 내가 강조하고 싶은 것은 '이름을 부르면 친해진다'라는 기술이 아니라 '사람에 대한 따뜻한 마음을 갖게 되면 저절로 그 사람의 이름을 부르게 된다'는 사실이다.

다시 한 번 묻는다. 당신은 따뜻한 사람인가? 아니, 이렇게 묻는 것이 옳겠다. 당신은 진심으로 타인에게 따뜻한 사람이 되기 위해 노력하고 있는가? 이 질문에 대한 답이 당신이 어떤 인간관계를 맺으며 살아가게 될 것인지를 결정한다. 사회에서 말하는 대인기술은 잊어버려라. 가장 중요한 것은 내가 먼저 따뜻한 사람이 되는 일이다.

1 사랑해

"당신을 사랑해", "너를 좋아해"라고 말해보세요. 마음이 따뜻해질 거예요.

2 감사해

"당신에게 감사해", "네게 고마워"라고 말해보세요. 마음이 따뜻해질 거예요.

3 소중해

"당신이 소중해", "네가 중요해"라고 말해보세요. 마음이 따뜻해질 거예요.

4 대단해

"당신 참 대단해", "너 참 훌륭해"라고 말해보세요. 마음이 따뜻해질 거예요.

5 미안해

"너한테 미안해", "나를 용서해"라고 말해보세요. 마음이 따뜻해질 거예요.

6 이해해

"그래 이해해", "네 사정을 인정해"라고 말해보세요. 마음이 따뜻해질 거예요.

7 함께해

"우리 함께해", "네가 먼저 해"라고 말해보세요. 마음이 따뜻해질 거예요.

15
오랜 아름다움은 베푸는 데서

중국 전국시대에 중산군中山君이라는 왕이 있었다. 하루는 가신들을 불러 연회를 베풀었는데 사마자기司馬子期도 함께 초대를 받았다. 가무를 즐긴 후에 양고기 국을 먹을 차례가 되었는데, 공교롭게도 국이 부족해 사마자기에게는 돌아가지 않았다. 이를 자신에 대한 모욕으로 느낀 사마자기는 이웃 초楚나라로 망명해 초나라 왕으로 하여금 병사를 동원해 중산군을 공격하게 만들었다. 갑작스러운 공격을 받은 중산군이 전투에 패해 쫓기고 있을 때 갑자기 두 젊은이가 나타나 그의 목숨을 구해주었다. 중산군이 물었다.

"그대들은 누구이기에 내 목숨을 구해주는 것인가?"

그러자 두 젊은이가 대답했다.

"일찍이 저희 아비가 전쟁터에서 부상을 입고 쓰러져 굶어 죽을 지경에 처한 적이 있습니다. 그런데 그때 대왕께서 당신이 드실 찬밥 한 덩이를 건네주셔서 죽음을 면했다고 합니다. 그런 연유로 아비가 죽기 전까지 여러 차례 당부하기를 '중산군에게 위험이 생기면 반드시 목숨을 걸고 은혜를 갚아라' 하였습니다. 그래서 오늘 이렇게 대왕을 구하기 위해 달려온 것입니다."

이 말을 들은 중산군은 하늘을 쳐다보며 탄식했다.

"남에게 덕을 베풀 때는 많고 적음이 중요한 것이 아니라 상대방이 가장 어려울 때 베풀어야 그 은혜에 감격하는구나. 다른 사람에게 원한을 사는 이유 또한 크고 작음의 문제가 아니라 상대방의 마음을 상하게 하기 때문이로구나. 나는 양고기 국 한 그릇 때문에 나라를 잃었고, 찬밥 한 덩이 덕분에 목숨을 구했구나."

참 실감나는 사례가 아닐 수 없다. 일배양갱——杯羊羹, 한 그릇 양고기 국 때문에 나라를 잃기도 하고 일호손——壺飧, 한 호리병 속에 담긴 찬밥 한 덩이 덕분에 목숨을 건지기도 하는 것이 우리의 인생이요, 사람의 인연이다. 여기서 우리가 명심해야 할 것은 중산군의 말처럼 베풂의 많고 적음이 중요한 것이 아니라 상대방이 가장 어려울 때 도와줘야 은혜가 되고, 잘못의 크고 작음이 문제가 아니라 상대방의 마음에 상처를 주면 적이 생겨난다는 사실이다.

영화 〈웰컴 투 동막골〉을 보면 인민군 장교 리수화(정재영 분)와 마을 촌장이 다음과 같은 대화를 나누는 장면이 나온다.

"동무, 위대한 영도력의 비결이 뭡네까?"
"뭘 좀 많이 멕여야지."

역시 사람을 따르게 만드는 비결은 베풂에 있다.

전국시대 제나라의 재상인 맹상군의 식객 중에 풍환(馮驩)이라는 사람이 있었다. 한번은 맹상군이 풍환을 설(薛, 현재의 산동성 동남 지방) 땅으로 보내 빌려둔 돈을 갚지 않고 있는 백성들에게 빚과 이자를 독촉하는 임무를 맡겼다. 풍환이 길을 떠나면서 "빚을 받으면 무엇을 사 오리까?" 하고 묻자 맹상군은 "무엇이든 좋으니 이곳에 없는 것을 사 오시오"라고 대답했다. 설 땅에 도착한 풍환은 부채가 있는 사람들을 불러 모은 다음 이렇게 말했다.
"맹상군께서 애초에 여러분에게 돈을 빌려준 까닭은 가난한 사람들을 돕기 위함이었고, 이자를 받은 연유는 수많은 빈객들을 대접하기 위함이었소. 그럼에도 너무 가난하여 빚을 갚을 능력이 없는 사람들의 채무는 모두 면제하는 것이 맹상군의 뜻이오."
그리고 그들이 보는 앞에서 차용증서를 모두 불태워버렸다. 백

성들은 기뻐 환호하며 맹상군의 이름을 높이 칭송했다. 얼마 후
설 땅에서 돌아온 풍환에게 맹상군이 물었다.

"선생, 무엇을 사 오셨는가?"
"지금 맹상군께 부족한 것은 은혜와 의리입니다. 차용증서를
불살라 빚을 탕감해주고 백성들로부터 은혜와 의리를 사 가지
고 돌아왔습니다."

맹상군은 매우 못마땅했으나 이미 엎질러진 물이었으므로 그냥
웃으며 넘어가고 말았다. 그로부터 1년 후, 맹상군이 새로 즉위
한 민왕泯王에게 미움을 받자 3000명에 이르던 식객들이 모두
떠나가버렸다. 풍환은 맹상군에게 잠시 설 땅으로 몸을 피하도
록 권유했다. 맹상군이 설 땅에 나타나자 모든 주민이 나와 그를
환대하며 맞이했다. 그 모습을 본 맹상군이 풍환에게 말했다.
"빚을 탕감해주고 은혜와 의리를 샀다고 한 선생의 말뜻을 이
제야 깨달았소."

이 이야기 역시 평소에 미리미리 은혜를 많이 베풀어두어야 한다는 점
을 일깨워주고 있다.
　학자들의 연구결과에 의하면 남에게 잘 베푸는 사람이 그렇지 않은 사
람들에 비해 오래 산다고 한다. 미국 미시간대학교 사회연구소의 스테파

니 브라운 박사가 2002년 심리학 전문지《심리과학Psychology Science》에 발표한 연구 보고서에 따르면, 자기만 아끼고 남을 돕지 않는 사람이 남에게 도움을 주는 사람보다 일찍 죽을 가능성이 두 배 높은 것으로 나타났다.

브라운 박사는 무작위로 선정된 423쌍의 노인 부부를 대상으로 5년간에 걸쳐 이들 노인 부부가 도움이 필요한 친구, 이웃, 친척들을 위해 가사를 돕거나 아이를 돌봐주거나 심부름 등의 일을 하고 있는지, 본인이 도움을 필요로 할 때 친구나 가족들로부터 어느 정도의 도움을 기대할 수 있는지 등을 물었다. 이 기간 중 134명이 사망했는데, 생존자 중 여성의 72퍼센트, 남성의 75퍼센트가 조사 전년도에 아무런 대가 없이 남을 도와준 것으로 나타났다. 남에게서 도움을 받은 사람은 수명에 별 이익이 없는 것으로 밝혀졌다. 이를 토대로 브라운 박사는 장수의 비결은 받는 것이 아니라 주는 것이라고 강조했다.

결국 다른 사람들에게 은혜를 베푸는 것이 내 목숨을 구할 수 있고, 곤경에 처했을 때 도움의 손길을 받을 수 있으며, 또한 장수의 비결이 되기도 하니 그야말로 일거삼득一擧三得의 덕목이 아닐 수 없다. 무엇보다 은혜란 베풂의 크기나 많고 작음의 문제가 아니라 상대방이 가장 필요로 할 때 베풀어야 함을 잊지 말아야 한다.

참고로 미국의 시인 샘 레벤슨Sam Levenson의 시 한 편을 옮겨놓는다. 인터넷에서는 영화배우 오드리 헵번이 숨을 거두기 1년 전인 1992년, 크리스마스이브에 아들에게 들려준 시로 널리 알려져 있다. 여인을 위한 시라고 한정짓지 말고 여인을 사람으로, 그녀를 그로 바꿔 읽어보라.

아름다운 입술을 갖고 싶으면,

친절한 말을 하라.

사랑스런 눈을 갖고 싶으면,

사람들에게서 좋은 점을 보아라.

날씬한 몸매를 갖고 싶으면,

너의 음식을 배고픈 사람과 나눠라.

아름다운 머리카락을 갖고 싶으면,

하루에 한 번 어린이가 손가락으로 너의 머리를 쓰다듬게 하라.

아름다운 자세를 갖고 싶으면,

너 혼자 걷고 있지 않음을 명심하며 걸어라.

사람은 그 다른 어떤 대상보다도 우선적으로 더 많이

상처로부터 치유되어야 하며

낡은 것으로부터 새로워져야 하고

병으로부터 회복되어야 하고

무지함으로부터 교화되어야 하며

고통으로부터 구원받고 또 구원받아야 한다.

결코 누구도 버려서는 안 된다.

기억하라.

만약 도움을 주는 손이 필요하다면

만 남 의 지 혜

너의 팔 끝에 있는 손을 이용하면 된다.
더 나이가 들면 손이 두 개라는 것을 발견하게 될 것이다.
한 손은 너 자신을 돕는 손이고
다른 한 손은 다른 사람을 돕는 손이다.

여인의 아름다움은 그녀가 입은 옷이나,
그녀가 가꾼 몸매나, 그녀의 헤어스타일에 달린 게 아니다.

여인의 아름다움은 그녀의 눈을 통하여 나타나며,
그 눈은 사랑이 그 속에서 살고 있는 사랑의 집인
그녀의 마음으로 통하는 문이기 때문이다.

여인의 아름다움은 얼굴에 칠해진 회색빛 화장이 아닌
그 영혼을 통해 반사되는 것이다.

여인의 아름다움이란 그녀가 기꺼이 베푸는 보살핌과
그녀가 보여주는 열정 그 자체이기 때문이다.

　　― 샘 레벤슨,「오랜 세월 아름다움의 비결Time tested beauty tips」

- 부자로 죽는 것은 수치스러운 일이다. – **워런 버핏**

- 도와주는 손은 기도하는 입보다 신성하다. – **로버트 G. 잉거솔**

- 중요한 것은 선을 이야기하는 게 아니라 실제로 선을 베푸는 일이다. – **탈무드**

- 인간에 대한 가장 나쁜 죄는 미워하는 것이 아니라 무관심이다.
  – **조지 버나드 쇼**

- 신은 우리에게 두 손을 주었다. 하나는 받기 위함이고 다른 하나는 주기 위함이다. – **빌리 그레이엄**

- 인생살이를 서로 덜 힘든 것으로 만들려고 애쓰지 않는다면 우리는 무엇 때문에 사는가. – **조지 엘리엇**

- 우리들 생애의 마지막 저녁에 이르면 우리는 타인을 얼마나 사랑했는가를 놓고 심판받을 것이다. – **알베르 카뮈**

- 도와달라는 말을 듣고 도와주는 것도 좋은 일이지만, 도움을 청하기 전에 미리 알아서 도와주는 것은 더욱 좋은 일이다. – **칼릴 지브란**

- 다른 사람을 위해 살라. 그러면 그들과 친구가 되고 그들 행복이 곧 자신의 행복이 된다. – **쇼펜하우어**

- 자기가 생전에는 결코 그 밑에서 쉴 수 없다는 사실을 잘 알면서도 그늘을 드리워주는 나무를 심을 때에 그 사람은 적어도 인생의 의미를 깨닫기 시작한 것이다. – **D. E. 트루블라드**

- 남에게 은혜를 베풀 때에는 처음에 가볍게 하라. 만약 처음에 무겁고 나중에 가볍게 한다면 그 은혜를 모르고 도리어 푸대접한다고 원망을 듣기가 쉽다. **– 채근담** 菜根譚

- 할딱거리고 있는 상처 입은 작은 새 한 마리를 자기의 둥지로 돌아가게 도와줄 수 있다면, 만약 내가 한 사람의 가슴앓이를 멈추게 할 수 있다면, 누군가의 아픔을 쓰다듬어 줄 수 있다면, 고통 하나를 가라앉힐 수 있다면, 내 삶은 결코 헛되지 않으리. **– 에밀리 디킨슨**

16
기대를 뛰어넘는 감동이란

중국 전국시대 위魏나라에 오기吳起라는 장수가 있었다. 하루는 오기가 말을 타고 지나가는데 한 병사가 상처에 심한 고름이 생겨 매우 고통스러워하는 모습을 보게 되었다. 그는 말에서 내려 자신의 입으로 직접 병사의 고름을 짜주었다. 그런데 이 모습을 지켜본 병사의 어머니가 갑자기 대성통곡을 하기 시작했다. 옆에 있던 이웃이 이상한 생각이 들어 어머니에게 물었다.

"아니, 저렇게 지체 높은 장군이 당신 아들의 고름을 직접 입으로 짜주었는데 기뻐하지는 않고 뭣 때문에 그리 슬피 우는 것이오?"

병사의 어머니는 울면서 이렇게 대답했다.

만 남 의 지 혜

"몇 년 전 저 장군이 내 남편의 상처에 난 고름도 입으로 짜준 일이
있다오. 그런데 그 일에 감동을 받은 남편이 전쟁터에 나가 물러서지
를 않고 죽을힘을 다해 싸우다 결국 전사하고 말았소. 이제 내 아들
도 아버지와 똑같은 운명을 맞지 않을까 걱정되어 우는 것이라오."

천재적인 과학자 아인슈타인이 강연을 하고 있었다. 상대성원리의 공
식을 열심히 설명하고 있는데 갑자기 한 학생이 손을 들더니 질문을 했다.

"선생님, 저희 같은 젊은이들이 알아야 할 인생의 성공 방정식도 있을
까요?"

"물론이지. S=X+Y+Z로 표현할 수 있다네. S는 성공Success, X는 일,
Y는 재미, Z는 침묵이라네. 열심히 노력하고, 삶을 즐기며, 때로는 입을
다물 줄 아는 것이 성공의 비결이라네."

아인슈타인의 성공 방정식이 맞는지 틀린지는 모르겠지만 일견 맞는
말이라고 생각된다. 그렇다면 성공적인 인간관계 방정식도 있을까? 있다
면 무엇일까? 나는 성공적인 인간관계는 진심, 정성, 감동이라고 믿는다.

성공적인 인간관계=진심+정성+감동

그리고 이 중에서 감동을 줄 수 있느냐 없느냐에 따라 인간관계의 강

도가 달라진다고 생각한다.

역치闕値, threshold value라는 생물학 용어가 있는데 이는 '외부 자극이 주어졌을 때 신체 반응을 이끌어내는 최소한의 자극 강도'를 뜻한다. 사람마다 이 역치의 수치는 각각 다르다고 한다. 슬픈 영화를 보면 어떤 사람은 눈물을 흘리지만 어떤 사람은 전혀 눈물을 흘리지 않는다. 〈개그 콘서트〉를 보면 어떤 사람은 재미있다고 깔깔거리며 웃지만 어떤 사람은 콧방귀조차 뀌지 않는다. 이런 현상이 일어나는 까닭은 사람마다 역치의 크기가 다르기 때문이다.

인간관계도 이와 마찬가지다. 감동받은 고객이 충성고객이 되듯이 어떤 사람과 헌신적인 관계를 만들고 싶다면 그 사람의 기대치를 뛰어넘는, 그 사람의 역치를 뛰어넘는 자극을 주어야 한다. 내가 주고 싶은 것이 아니라 그 사람이 원하는 것을 주고, 그 사람이 원하는 것보다 훨씬 많이 훨씬 좋은 것을 주어야 한다. 그 사람이 기대했던 것이 아닌 기대하지 못했던 것을, 평범한 만족이 아닌 특별한 감동을 주어야 한다. 위나라의 오기 장군이 보여준 행동이 바로 그렇다. 직접 자신의 입으로 병사의 상처에 난 고름을 짜줌으로써 기대하지 못했던 감동을 주었기에 병사가 자신의 목숨까지 바칠 정도로 강한 충성심을 갖게 된 것이다.

일본 혼다자동차의 창업주인 혼다 소이치로는 이런 대인관계의 핵심을 잘 알고 있는 사람이었다. 1950년 12월, 혼다는 하마마쓰 시내 요정에서 외국인 고객을 접대하고 있었다. 한창 분위기가 무르익는 와중에 화장실에 간 외국인 고객이 변기에 틀니를 빠뜨리는 일이 생겼다. 당시의 화장실은 지금과 같은 수세식의 깔끔한 화장실이 아니어서 틀니를 꺼내는 방법이 문제였다. 이런저런 생각을 해보아도 방법이 마땅치 않았다. 그때 잠시 생각에 잠겨 있던 혼다가 갑자기 옷을 벗더니 알몸으로 변기통 속에 내려가 틀니를 찾아 올라왔다. 그런 다음 뜨거운 물에 틀니를 소독하고 자신의 입속에 넣어 이상 유무를 확인했다. 아무런 문제가 없자 틀니를 다시 소독한 후 외국인 고객에게 건네주었다. 이 모습을 지켜본 외국인 고객이 평생 혼다의 예찬론자가 되었음은 물론이다.

물론 모든 사람이 이렇게 변기 속으로 내려가야 한다는 뜻은 아니다. 진정에서 우러나오는 끈끈한 인맥은 상대방에게 감동을 줄 때만이 가능하다는 것을 강조하려는 것뿐이다. 앞서 말한 바 있는 칭기즈칸 역시 이와 같은 행동을 보였다. 그는 부하들과 함께 전쟁터를 누비며 모든 생사고락을 같이했다. 병사들이 자신을 '테무친'이라는 이름으로 부르는 것을 허용했으며, 병사들과 같은 옷을 입고 같은 음식을 먹었다. 이에 감동한 부하들은 목숨을 걸고 칭기즈칸을 따랐다. 칭기즈칸이 독화살을 맞았을 때 부하 젤마는 칭기즈칸을 구하기 위해 자신의 입으로 독을 빨아냈다.

미국 화장품 회사 메리케이의 직원들은 회사에 대한 충성도가 매우 높은 것으로 알려져 있다. 이 회사 직원들은 "다시 태어나도 메리케이에서 일하고 싶다"라고 자랑스럽게 말한다. 무엇 때문일까? 아마도 여러 가지 이유가 있을 텐데, 신입 직원들과 한 약속을 지키기 위해 백악관으로부터 온 만찬 초청을 거절하고 댈러스로 달려간 창업주 메리 케이 애시의 행동에 큰 감동을 받았으리라는 사실만큼은 분명할 것이다.

나 역시 많은 사람과 맺은 인간관계 속에서 크고 작은 감동을 받아본 경험이 있다. 2004년, 잘못된 선택으로 인해 내가 운영하던 회사 경영에 큰 어려움이 닥쳤다. 매우 심각한 자금난에 시달렸는데, 처음 생긴 일 같으면 어디 손이라도 벌릴 곳이 있었겠지만 이미 몇 차례의 사업 실패와 선거 낙선으로 인해 내 주변에는 급전을 융통할 곳이 거의 남아 있지 않았다. 며칠을 고민한 끝에 마침내 머릿속에 떠오른 대학교 후배에게 돈을 빌려줄 수 있는지 문의하는 문자를 보냈다. 아침 일찍 문자를 보냈는데 오후가 되도록 회신이 없어 포기하려는데, 저녁 무렵 후배가 보낸 문자가 도착했다.

형 내가 투자하는 셈치고 형이 말한 금액의 두 배를 보냅니다.
꼭 성공하세요!

나는 이때의 심정을 아직도 잊지 못한다. 아마 죽는 날까지 잊지 못할 것이다. 세상 사람들이 모두 내게 등 돌린 것처럼 여겨졌을 때 유일하게 힘을 보태준 후배, 그것도 내가 부탁했던 금액보다 두 배의 돈을 보내온 후배. 나는 그 후배에게 큰 감동을 받았고, 지금까지도 그를 내 인생의 은인처럼 생각하고 있다. 사실 그 돈이라는 것이 그리 큰 액수는 아닌, 급전 정도의 금액이었다. 그렇지만 내게는 몇 억의 돈을 빌려주는 것 이상의 감동으로 다가왔다.

이처럼 감동이란 반드시 크고 거창하고 물질적인 도움만을 통해 줄 수 있는 것은 아니다. 때로는 사소한 말, 작은 행동 하나로도 큰 감동을 줄 수 있다. 진심과 정성만 있다면 말이다. 중국의 맹자는 이렇게 말했다.

"사람을 사랑하되 그가 나를 사랑하지 않거든 나의 사랑에 부족함이 없는지 살펴보라."

즉 누군가와 친밀하고 신뢰 어린 인간관계를 맺고 싶은데 아직 나를 잘 따르지 않는다면, 그것은 내 사랑이 부족하다는 뜻이며 그가 아직 나로부터 감동받지 못했다는 것을 의미한다. 따라서 내 사랑의 부족한 점을 반성하고 그에게 감동을 줄 수 있도록 더욱 진심과 정성을 다해야 한다.

세상에 가장 무의미한 말을 하나 꼽으라면 '내가 그렇게 잘해줬는데도 고마운 줄을 몰라'라는 표현일 것이다. 물론 상대방이 아주 싸가지가 없어서 진짜 고마운 줄을 모르는 것일 수도 있다. 이 경우는 도저히 어쩔 방법이 없으니 그냥 포기하는 것이 낫다. 하지만 내 정성이 부족해서 그런 것이라면? 대부분은 이런 경우에 속한다. 즉 내가 줄 수 있는 것, 내가 주고 싶은 것, 상대방이 기대했던 수준 정도만 주고서는 고마운 줄 모른다고 불평하는 것이다. 그런데 이는 사실 무의미한 일이다. 상대방의 역치를 뛰어넘는 수준으로 주지 않았기 때문에 고마운 줄 모르고 감동을 느끼지 않는 것이라고 이해해야 한다.

너무 어렵게 생각하지 말고 쉽게 접근해보자. 평상시 당신은 형식적인 인사치레가 아닌 그야말로 진심에서 우러나오는 "정말 감사합니다. 평생 잊지 않겠습니다"라는 말을 얼마나 자주, 얼마나 많은 사람으로부터 듣고 있는가? 당신이 이 말을 자주, 그리고 여러 사람에게서 듣고 있다면 이미 당신의 인간관계는 최고 수준에 도달해 있다고 판단해도 무리가 없을 것이다. 반면에 이런 말을 전혀 들어본 적이 없거나 거의 듣지 못하고 있다면 당신의 인간관계는 아주 가볍고 피상적인 단계, 인생을 살아가며 생각지 못한 어려움에 닥쳤을 때 그 누구의 도움도 기대할 수 없는 수준에 머물러 있다고 봐도 무방할 것이다.

정리하자. 아내를 감동시키라. 친구를 감동시키라. 부하직원을 감동시키라. 고객을 감동시키라. 평생 함께 가고 싶은 사람이 있다면 그 사람을 감동시키라. 그것이 바로 인간관계의 성공 방정식이다.

> **"**
>
> 인간은 저마다 신의 아들이므로
> 모든 인간이 중요하다는 사실을 잊지 않는다면
> 자연스럽게 좋은 대인관계를 유지할 수 있다.
>
> / **헨리 카이저** /
>
> **"**

17
가장 기억에 남는 선물

춘추시대 초나라에 변화卞和라는 사람이 있었는데 하루는 형산荊山에서 매우 진귀한 옥돌의 원석을 발견했다. 그는 기쁜 마음으로 대궐로 달려가 여왕厲王에게 원석을 바쳤다. 그렇지만 옥공玉工으로부터 원석이 아무 쓸모없는 돌멩이에 불과하다는 말을 들은 여왕은 매우화가 나 변화의 왼쪽 발을 잘라버렸다. 얼마 후 여왕이 죽고 무왕武王이 즉위하자 변화는 다시 원석을 들고 가 바쳤다. 그러나 이번에도같은 이유로 오른 발마저 잃고 말았다. 세월이 흘러 무왕이 죽고 문왕文王이 즉위했다. 이번에도 변화는 그 옥석을 바치고자 했으나 두다리가 모두 잘려 걸을 수가 없었다. 변화는 형산 밑에서 사흘 밤낮

141

을 쉬지 않고 통곡했고, 마침내 그의 눈에서는 피눈물이 흘러내렸다. 이 소문을 들은 문왕이 그를 불러 물었다.

"너는 두 번씩이나 아무 쓸모없는 돌멩이를 보석이라고 우기다 두 다리가 잘렸다. 그 모든 일이 너의 잘못이거늘 무엇이 그리 억울해 눈에서 피눈물이 흐를 정도로 울고 있는 것이냐?"
"내가 우는 것은 상 때문이 아닙니다. 내가 진실로 원통하게 생각하는 것은 천하제일의 보석을 아무 쓸모없는 돌멩이라고 잘못 판정하였음에도 그 진실을 밝힐 방도가 없어 슬퍼하는 것입니다.

문왕이 사람을 시켜 원석의 겉을 걷어내게 하자 과연 세상에서 가장 아름다운 옥을 얻을 수 있었다. 문왕은 옥공에게 명을 내려 벽옥璧玉으로 만들게 하고 그 이름을 화씨벽華氏璧이라고 부르게 하였다.

선물膳物은 사전적 의미로 '남에게 어떤 물건 따위를 선사하는 것 또는 그 물건'을 의미한다. 고사성어에도 선물과 관련된 말들이 여럿 있는데 경거瓊琚는 아름다운 옥玉이라는 뜻으로 훌륭한 선물을 이르는 말이며, 작약지증勺藥之贈은 함박꽃 선물이라는 뜻으로 남녀 간에 향기로운 함박꽃을 보내어 정을 더욱 두텁게 함을 이르는 말이다. 투과득경投瓜得瓊은 모과를 선물하고 구슬을 얻는다는 뜻으로, 사소한 선물에 대해 훌륭한 답례를 받음을 뜻한다.

만 남 의   지 혜

임진왜란 때 나라를 구한 이순신 장군의 『난중일기』를 보면 다소 의외라고 생각할 만한 기록들이 적혀 있다. '류성룡 대감에게 유자 30개를 보내다'라는 내용을 비롯해 당시의 권문세가에게 이름을 새긴 칼을 보내거나 귀부인들이 좋아하는 고급 부채를 선물했다는 내용이 자주 보인다. 선물과 함께 근무지의 상황을 자세히 적은 서신을 동봉했는데, 아마도 군사문제와 관련된 정책 결정에 세도가들의 도움을 받기 위한 이순신 장군의 고육지책이라고 짐작된다.

어찌되었든 인간관계의 기본 원칙은 '기브 앤 테이크'이며, 그중에서도 선물은 가장 유용한 방법이 된다. 우리 속담에도 '미운 사람 떡 하나 더 준다'라는 말이 있듯이 물질을 베푸는 것은 상대방과의 관계를 개선하고 발전시키는 데 매우 유용하게 작용한다.

나 또한 명절이나 연말연시가 되면 평소 도움을 받은 분들에게 선물을 보낸다. '백문이 불여일견百聞不如一見'이라는 말이 있듯이, 인간관계에서도 열 번의 전화보다는 한 번의 만남이 낫고, 열 번의 만남보다는 한 번의 정성 어린 선물이 낫기 때문이다. 아마 당신도 마찬가지일 것이다. 백 마디 입에 발린 칭찬보다는 나를 위해 마련한 작은 선물이 몇 배는 더 고맙게 느껴지지 않는가?

선물을 주고받는 일은 비단 사람에게만 해당되지는 않는다. 영국 케임브리지 대학교의 토니 마틴 박사 팀은 돌고래를 관찰해 흥미로운 연구결과를 얻었다. 열대우림 지역에 사는 6000마리의 돌고래를 3년 동안 관찰한 결과, 사람들이 데이트를 할 때 연인에게 꽃다발을 선물하는 것처럼 돌고래들도 장차 짝이 될 상대에게 선물을 선사하는 광경이 목격된 것이다. 그들이 상대방에게 주로 선사한 선물은 진흙이나 잡초 또는 나뭇가지였다고 한다.

남극에 사는 아델리 펭귄에게 가장 훌륭한 선물은 돌멩이다. 수컷은 관심이 가는 암컷에게 잘 고른 돌멩이를 선물한다. 암컷이 그 돌멩이 선물을 받아들이면 짝이 맺어지고 수컷은 더 많은 돌멩이를 둥지로 모아 온다.

일본《아사히신문》의 보도에 의하면, 수컷 침팬지도 암컷에게 과일이나 농작물 등을 선물하며 구애하는 것으로 나타났다. 교토 대학교 영장류 연구소의 오오하시 가쿠[大橋岳] 교수는 "지난 3년간 서아프리카의 기니 보소우 마을에서 침팬지의 '농작물 서리'가 786회 관찰되었는데, 수컷 침팬지가 암컷 침팬지에게 파파야 열매를 바쳤던 경우가 21회였다"라고 밝혔다. 이어 "파파야를 받은 암컷 침팬지의 대부분은 임신 중이었거나 발정기였고, 이후 수컷과의 교미가 이루어졌다"라고 덧붙였다.

BBC 등 영국 언론들은 독일의 막스 플랑크 진화인류학연구소가 진행한 야생 침팬지들에 대한 추적 조사 결과를 보도했다. 이 조사에 따르면 포획물을 암컷과 공유하는 수컷 침팬지의 경우 그렇지 않은 '이기적' 수컷에 비해 두 배가량 자주 짝짓기를 하는 것으로 조사됐다.

한편 수컷 춤파리 Dancing fly 는 암컷 춤파리에게 구애할 때 앞다리에서 뽑은 실로 먹이를 선물한다. 사람이건 동물이건 상관없이 선물은 좋은 관계를 형성해주는 매우 유용한 촉매제이자 징검다리라고 할 수 있을 것이다.

지금껏 내가 받은 선물 중에 가장 기억에 남는 것은 사회 후배 J의 아버지로부터 받은 선물이다. 어느 날 강의를 마치고 집에 돌아와 보니 낯선 이름으로 택배가 하나 배달되어 있었다. 궁금한 마음으로 포장을 열어 보니 이제 막 캐낸 듯싶은 고구마가 상자 가득 담겨 있었다. 누굴까? 다행히 편지가 동봉되어 있었다. 읽어보니 J의 아버지가 직접 농사지은 고구마를 보내온 것이었다.

> 안녕하세요. J의 아비 되는 사람입니다. 부족한 여식을 잘 보살펴주신다고 전해 들었습니다. 값어치 있는 것은 아니지만 제가 정성으로 기른 고구마를 보내드립니다. 맛있게 드시고 항상 건강하십시오.

딸을 사랑하는 아버지의 마음, 농작물에 대한 농군의 마음이 진솔하게 느껴져 가슴이 뭉클해졌다. 이런저런 사회활동을 통해 많은 사람과 교류하다 보니 때로는 값비싼 명품을 선물 받는 일도 있다. 그렇지만 지금까지 살아오며 가장 감동을 느낀 선물은 바로 이때 J의 아버지로부터 받은 고구마다.

아들이 중학교 1학년 때 준 선물 역시 잊히지 않는다. 결혼기념일을 며칠 앞둔 어느 날, 아들이 축하한다는 말과 함께 봉투 하나를 건넸다. 안을 확인해보니 현금 16만 원이 들어 있었다. 순간 가슴이 뭉클하고 짠해왔다. 돈을 받아서 기분이 좋았던 것이 아니다. 1년 동안 용돈을 아껴 모은 전 재산(?)을 기꺼이 선물로 주는 아들의 마음에 감동받았던 것이다.

이렇듯 정성이 담긴 훌륭한 선물은 큰 감동을 주고 오래도록 상대방의 기억에 남는다. 하지만 형식적으로 보낸 의례적인 선물은 대개 특별한 느낌을 주지 못한 채 곧 잊히고 만다.

우리 속담에 '선떡 가지고 친정에 간다'라는 표현이 있는데, 제대로 익지 아니한 선떡을 만들어 가지고 친정집에 찾아간다는 뜻으로 변변찮고 성의 없는 선물을 비유적으로 이르는 말이다. 이런 선물은 오히려 받는 사람에게 실망감이나 불쾌감을 주기 때문에 차라리 선물하지 않는 것보다 못한 결과를 초래하기도 한다. 화씨벽이라는 천하제일의 보석을 줘도 전혀 인정을 받지 못하거나 자칫 잘못되면 해가 되어 돌아오는 것이 선물이기 때문이다.

미국 루스벨트 대통령의 부인이자 사회운동가, 평화활동가인 에레나 루스벨트는 다음과 같은 말을 남겼다.

"어제는 역사History, 내일은 미스터리Mistery, 오늘은 선물Present 입니다."

영어로 Present는 '현재'와 '선물'이라는 뜻을 동시에 가지고 있다.

그렇다. 인생은 선물이다. 어떤 의미로는 신 또는 하늘로부터 받은 축복의 선물이고, 다른 의미로는 평생 다른 사람과 선물을 주고받으며 사는 것이 인생이다. 꼭 물질적인 선물만을 의미하는 것은 아니다. 때로는 따뜻한 칭찬, 밝은 미소, 사랑하는 사람을 위해 부르는 서툰 노래도 감동적인 선물이 될 수 있다. 그리고 어떤 선물을 주고받느냐에 따라 인생과 사업, 인간관계가 달라진다. 감동적인 선물을 주는 사람과는 평생의 인연이 될 가능성이 높지만, 성의 없는 선물을 주는 사람에게는 오히려 반감이 생길 수 있다.

지금 누군가와 좋은 관계를 맺고 싶은가? 그렇다면 그에게 경거를 선물하라. 틀림없이 투과득경의 인연이 맺어질 것이다.

66

삼류는 자기 능력을 쓰고, 이류는 타인의 힘을 부려먹고,
일류는 타인의 능력을 활용한다.
/ 한비자 /

99

18
누가 나의 친구인가

기원전 5세기경 진晉나라의 지백智伯은 평소에 떠돌이였던 예양豫讓을 국사로 모셨다. 훗날 지백이 조양자趙襄子를 공격하다 전사하자 예양은 복수를 다짐했다. 온몸에 옻칠을 하여 행려병자로 위장하고, 숯을 먹어 목소리까지 바꾸며 조양자를 죽일 기회를 노렸으나 결국 실패로 끝나고 말았다. 산 채로 붙잡힌 예양에게 조양자가 물었다.

"너는 일찍이 범范 씨와 중행中行 씨를 모셨던 사람이다. 그렇지만 지백이 그들을 죽였을 때 너는 복수를 하기는커녕 오히려 지백의 신하가 되었다. 그런데 왜 지금 지백을 위해서는 복수를 하려는 것인가?"

만 남 의   지 혜

예양이 답했다.

"범 씨와 중행 씨는 나를 신하 중의 한 명으로 대우해주었을 뿐이지만 지백은 나를 국사로 인정해주었다. 내가 비록 복수에 성공하지는 못했으나 당신의 옷을 내어준다면 그것이라도 칼로 베어 지백의 은혜에 보답하고 죽고 싶다."

예양의 의기에 감동한 조양자가 의복을 벗어 내어주니 예양은 칼을 뽑아 그 옷을 세 번 베고는 그 자리에서 자결하였다. 이때 예양이 남긴 말은 '사위지기자사士爲知己者死 여위열기자용女爲說己者容'으로, '선비는 자기를 알아주는 사람을 위하여 죽고 여자는 자기를 사랑해주는 사람을 위해 화장한다'는 뜻이다.

얼마 전 영화 〈레미제라블〉을 보았는데 매우 인상적인 장면이 있었다. 주인공 장발장이 자기 대신 누명을 쓰고 붙잡힌 죄인을 보고 구해줘야 하는지, 아니면 모르는 척해야 하는지를 고뇌하면서 노래를 부르는 장면으로 "Who am I?'라는 가사가 반복해서 나왔다. 과연 나는 누구인가? 천사인가? 악마인가? 능력자인가? 무능력자인가?

그러고 보면 이런 근원적인 질문은 문학과 예술, 철학을 넘나들며 여기저기 많이 보인다. 이인화의 소설 제목인 '내가 누구인지 말할 수 있는 자는 누구인가'는 셰익스피어의 『리어왕』에 나오는 '내가 누구인지 내게 말해줄 수 있는 자는 누구인가?'라는 대사를 인용한 것이다. 어쩌면 내가 누구인지 자기 자신에 대해서도 잘 모르며 인생을 살아가야 하는 존재가 인간이 아닐까? 그렇게 생각하면 조금은 씁쓸하다.

그래도 다행스러운 것은 내가 누구인지 말해줄 수 있는 사람이 세상에 한 사람쯤은 있을 수도 있겠다는 희망이다. 누굴까? 바로 친구다. 당나라 왕발王勃의 시를 보면 "세상에 나를 알아주는 벗이 있다면 하늘 끝에 있어도 이웃에 있는 것과 같네海內存知己天涯若比隣"라는 구절이 있다. 내가 누구인지, 내가 어떤 사람인지 알아주는 단 한 명의 친구가 있다면 세상 끝에 떨어져 있어도 삶을 살아볼 가치가 있을 것이다.

그런데 나는 왕발의 시를 접할 때마다 자동적으로 그 유명한 김춘수의 「꽃」이 떠오르곤 한다. 누군가에게 잊히지 않는 사람으로 남는 것을 '꽃이 되는 것'에 비유한 이 시는, 하나의 몸짓에 불과한 사람이었지만 이름을 불러주었을 때 내게 와 꽃이 된 것처럼 자신도 누군가의 꽃이 되고 싶은 마음을 담아냈다.

곰곰이 생각해보면 진실한 우정이란 그가 누구인지 알아주고, 진짜 그의 이름을 불러주는 게 아닐까 싶다. 친구의 빛깔과 향기를 알아주고 그를 인정해주는 것. 그리하여 서로에게 잊히지 않는 하나의 의미가 되는 것. 그것이 바로 우정이라고 생각한다. 동서고금을 살펴보면 이런 사례가 부지기수로 발견된다.

먼저 관포지교管鮑之交로 유명한 관중과 포숙아가 그렇다. 『사기史記』에서는 두 사람의 우정에 대해 다음과 같이 전하고 있다.

관중과 포숙아가 동업을 하게 되었다. 포숙아는 자본을 대고 관

만 남 의   지 혜

중은 경영을 담당하였는데 관중이 항상 이익금을 독차지하였다. 그렇지만 포숙아는 관중을 욕심이 많은 사람이라고 욕하지 않았으며 오히려 집안이 가난한 탓이라고 너그럽게 이해하였다. 관중이 포숙아를 위해 어떤 일을 도모하였으나 외려 포숙아를 곤경에 빠뜨리는 일이 발생하였다. 그러나 포숙아는 관중을 어리석다고 말하지 않았으며 때가 좋지 않았을 뿐이라고 감싸주었다. 관중이 벼슬길에 세 번 올라 세 번 모두 쫓겨났을 때도 포숙아는 관중을 무능하다고 비난하지 않았다. 아직 관중에게 시기가 이르지 않았을 뿐이라고 위로해주었다. 관중이 전쟁터에서 세 번 후퇴하였지만 포숙아는 그를 겁쟁이라고 비난하지 않았다. 오히려 늙은 어머니가 계시기 때문이라고 왕에게 변호하여 관중의 목숨을 구했을 뿐 아니라 자기보다 더 높은 벼슬에 천거해주었다. 주군인 공자 규(糾)가 패하였을 때 관중은 싸움터에서 죽지 않고 산 채로 잡히어 욕된 몸이 되었지만 포숙아는 관중을 비난하지 않았다. 관중이 작은 일을 부끄러워하기보다는 큰일에 뜻을 품고 있기 때문이라고 옹호하였다.

이처럼 변함없이 자신을 이해하고 인정해주던 포숙아가 죽자 관중은 "나를 낳아준 사람은 부모지만 나를 알아준 사람은 포숙아였다生我者父母知我者鮑子也"라고 말하며 슬피 울었다. 왕발이 시에서 말한, '세상에 나를 알아주는 벗'이 관중에게는 바로 포숙아였던 셈이다.

2장 · 길은 잃어도 사람은 잃지 말라

지음知音 또는 백아절현伯牙絶絃으로 불리는 백아伯牙와 종자기鍾子期의 우정 또한 마찬가지다. 백아는 중국 춘추시대에 살던 거문고의 명인이었는데 그에게는 종자기라는 친구가 있었다. 백아가 높은 산을 연상하며 거문고를 켜면 종자기는 "태산이 우뚝 솟아 있는 느낌일세"라고 말했고, 백아가 강물을 떠올리며 거문고를 켜면 종자기는 "큰 강이 유유히 흐르는 느낌일세"라고 말했다. 이렇게 거문고 소리만 듣고도 자신의 속마음을 알아주던 종자기가 병으로 먼저 죽어버리자 백아는 더 이상 세상에 자신을 알아주는 사람이 없음을 슬퍼하며 거문고 줄을 끊어버렸다. 여기서 지음이란 거문고 소리를 듣고 안다는 뜻으로 자기의 속마음까지 알아주는 친구를 의미하며, 백아절현이란 백아가 거문고 줄을 끊었다는 뜻으로 자기를 알아주는 절친한 벗의 죽음을 슬퍼한다는 의미다.

Who am I? 나는 누구인가? What is friend? 친구란 무엇인가? 내가 누구인지 알아주는, 내가 누구인지 말해줄 수 있는 단 하나의 사람이다. 나의 빛깔과 향기에 알맞은 이름을 불러주어 나를 하나의 꽃으로, 하나의 의미로 세상에 존재하게 만들어주는 사람이다. 전화 목소리만 듣고도, 내 눈빛만 보고도 내 속마음을 알아차리는 사람이다. 세상 사람들 모두가 비웃고 무시해도 나의 가치를 인정해주고 아직 때가 이르지 않았다고 격려해주는 사람이다. 나를 낳아준 부모보다도 나를 더 잘 알고 더 잘 이해해주는 사람이다. 이런 친구가 단 한 명이라도 있다면 어찌 세상이 쓸쓸하고 인생이 외롭겠는가? 또한 모름지기 이런 친구 한 명쯤은 있어야 그래도 한평생 잘 살다 간다고 말할 수 있지 않겠는가?

만 남 의 지 혜

그런데 잠깐, 여기서 하나만 더 생각하고 넘어가보자. 나는 과연 내 친구들을 잘 알아주고 있는가 하는 것이다. 조계종 총무원장을 지낸 지관스님은 이렇게 말했다.

"남이 나를 알아주지 않는다고 걱정하지 말고, 내가 남을 알지 못할까 걱정해야 한다."

역시 옳은 말씀이다. 진정한 우정을 맺으려면 남이 나를 알아주기만 바랄 것이 아니라 내가 먼저 남을 알아주기도 해야 할 것이다. 그러니 지금 내게 포숙아나 종지기 같은 친구가 없다고 한탄할 것이 아니라, 내가 먼저 포숙아나 종지기 같은 친구가 되어주려고 노력하는 것이 어떨까? 그런 사람만이 관포지교, 지음의 우정을 만들 수 있다는 사실을 명심해야 한다.

자, 다시 한 번 스스로에게 질문을 건네보자. 나는 내 친구가 누구인지, 어떤 사람인지 말해줄 수 있는가? 내 친구를 그의 빛깔과 향기에 어울리는 이름으로 불러주고 있는가?

> 빨리 가려거든 혼자 가라. 멀리 가려거든 함께 가라.
> 빨리 가려거든 직선으로 가라. 멀리 가려거든 곡선으로 가라.
> 외나무가 되려거든 혼자 서라. 푸른 숲이 되려거든 함께 서라.
> **/ 아프리카 원주민 속담 /**

19
형님으로 모시겠습니다

섭정聶政은 원래 지軹 땅 사람인데 사람을 죽이고 제나라에 숨어 개잡는 일을 하며 살았다. 하루는 엄중자嚴仲子라는 사람이 찾아와 한나라 재상 협루俠累를 제거해달라면서 선비의 예를 갖추어 대하고 섭정 어머니의 장수를 기원하는 큰 재물을 선물로 주었다. 섭정은 늙은 어머니를 모셔야 한다며 부탁을 거절했다. 하지만 그런 말을 들은 후에도 엄중자는 한결같은 태도로 섭정을 대했다. 몇 년 후 어머니가 세상을 떠나자 섭정은 자신이 먼저 엄중자를 찾아가 말했다.

"지난날 내가 당신의 부탁을 거절한 까닭은 늙은 어머니와 시집을 가지 않은 누이 때문이었습니다. 이제 어머니는 세상을 등졌고 누이 또한 출가외인이 되었으니 그동안 당신이 보여준 의리에 보답하고자 합니다. 내가 대신 원한을 갚아주겠습니다."

섭정은 협루의 집으로 찾아가 그를 칼로 살해한 후 자신의 얼굴 가죽을 벗고 눈알을 파낸 뒤 배를 갈라 창자를 끄집어내고 죽었다. 이유는 단 한 가지, 자신의 정체가 드러나 엄중자가 위험에 빠지는 일이 없도록 하기 위함이었다.

사마천이 쓴 『사기』의 「자객열전刺客列傳」에 나오는 이야기다. 정말 대단한, 그리고 진정한 의리가 아닐 수 없다. 섭정으로부터 암살 요청을 거절당한 후에 엄중자가 보여준 태도도 그렇지만 세월이 흐른 뒤에도 엄중자의 은혜에 보답하고자 자객을 자청하는 섭정의 의리, 게다가 자신의 정체를 숨기기 위해 신체를 모두 훼손한 후에야 스스로 목숨을 끊는 의기는 정말 감탄을 금치 못할 지경이다. 그야말로 세상에 흔치 않은 남자들만의 멋진 의리가 아닐까 생각한다. 어떻게 하면 이렇게 다른 사람과 굳은 의리로 맺어질 수 있을까?

어느 일요일 오후, 점심을 먹고 소파에 누워 낮잠을 청하는데 사회에서 만나 의형제를 맺은 호성이에게서 문자가 왔다.

형님, 교육방송 강의하는 거 보고 문자 보내요. 깜짝 놀랐어요.^^ 가게는 내놨어요. 다시 연락드릴게요.

문자로 답신을 보내려다가 가게를 내놨다는 말에 신경이 쓰여 직접 전화를 걸었다. 이런저런 이야기를 나눠보니 별 문제는 없는 듯했다. 그래서 조만간 한번 만나기로 하고 통화를 끝냈다.

호성이는 몇 안 되는 사회 동생 중의 한 명이다. 2001년 인터넷 카페 정모에서 만났으니 벌써 알고 지낸 지 12년이나 되었다. 몇 년 전부터 식당을 운영하고 있는데 정리하기로 마음먹은 듯했다. 나는 호성이를 생각하면 언제나 고맙고 미안하다. 특히 2002년 지방선거에 출마했을 때 도와준 일은 두고두고 잊히지 않을 것이다. 당시 호성이는 매일 직장에서 퇴근하자마자 달려와 밤늦게까지 선거운동을 도와주었다. 지금 생각해봐도 참 쉽지 않은 어려운 일이었다. 아쉽지만 그렇게 고생을 했는데도 나의 부족함으로 인해 선거에서 떨어지고 말았다. 그리고 그에 대해 아무런 보답이나 치하를 못해준 일이 못내 미안함으로 남아 있다. 살아가면서 갚을 날이 있으리라.

인생을 살다 보면 어떤 날은 선배가 생기고 어떤 날은 후배가 생긴다. 어떤 날은 형님이 생기고 어떤 날은 동생이 생긴다. 그러고 보면 나는 참 인복이 많은 편이다. 지금껏 언제 어디에서 무슨 일을 하고 있든지 항상 좋은 동생들이 내 곁에 있었다. 대학 시절의 추억을 함께 나눈 정희욱, 김대원, 김기식, 이성천, 그리고 안산에서 호성이와 함께 어울렸던 배선호, 사회에서 우연히 만난 신정환, 20년 이상의 나이 차이가 있음에도 나를 형님이라고 부르는 김현근 등 모두가 내게는 과분한 사람들이요, 자랑스러운 사람들이다. 이 외에도 형님동생 사이로 지내는 사람이 꽤 많다.

기업에 강의를 나가면 교육생들에게 간단한 게임을 시키곤 한다. 먼저 옆자리에 앉은 사람과 가위 바위 보를 한다. 그 다음 진 사람이 일어나 이긴 사람에게 정중히 인사하며 이렇게 말한다.

"형님으로 모시겠습니다."

대개 교육생들 사이에 큰 웃음이 터진다. 그 다음에는 이긴 사람이 동생에게 "가문의 영광입니다"라고 말하게 하고, 마지막으로 내가 인간관계를 가깝게 하는 '상호성'과 '공시성'을 주제로 강의를 시작한다. 핵심만 이야기하자면, 어떤 사람과 의리를 맺는 가장 빠른 방법은 '형님으로 모시는 것'이다. 왜냐하면 인간관계는 대부분 호칭이 좌우하기 때문이다.

내 경우를 살펴보자. 사람들이 나를 부르는 호칭은 무려 수십 가지가 넘는다. 회장님, 대표님, 소장님, 카페지기님, 교수님, 선생님, 강사님, 시인님, 작가님, 선배님, 오라버니, 형님, 오빠, 사부님 등. 어떤 사회 후배는 나를 두목이라 부르기도 한다. 그리고 상대방이 나를 어떻게 부르느냐에 따라서 내가 상대방을 대하는 태도가 달라진다. 나를 대표님이라 부르는 사람에게는 대표처럼 행동하고, 나를 선배님이라 부르는 사람에게는 선배처럼 행동하며, 나를 형님이라 부르는 사람에게는 동생을 대하듯이 행동한다. 즉 호칭이 상대방을 대하는 행동에 영향을 주는 것이다.

이미 느끼고 있겠지만 사회에서 친화력이 뛰어나거나 대인관계에 능숙한 사람들의 공통점이 대부분 '형님'을 잘 모시는 사람들이다. 자신보다 나이가 조금만 많으면 만난 지 얼마 되지 않아도 "형님으로 모시겠습니다"라고 말하는 사람들이다. 매슬로의 욕구5단계설을 보면 존경의 욕구가 네 번째 단계에 위치하고 있다. 이렇듯 사람은 누구나 타인으로부터 인정받고 싶어 하고, 존중받고 싶어 한다. 나를 형님으로 인정하고 존중 하겠다는데 그것을 싫어할 사람이 세상에 어디 있겠는가.

그런데 다시 한 번 생각해보자. 누군가 "형님으로 모시겠습니다"라고 말한 것을 허락하는 순간, 그 사람은 사실상 "동생을 잘 돌봐주겠습니다" 라고 말한 것과 마찬가지다. 의식을 하든 못하든 그것이 형님과 동생의 본질적인 관계인데 시쳇말로 선배는 영원한 물주요, 형님은 영원한 후견 자인 것이다. 최근에 나도 남양주 모 부대의 부대장을 만나 나보다 두 살 밖에 나이가 많지 않지만 의형제의 연을 맺기로 했다. 내가 먼저 "형님으 로 모시겠습니다"라고 말하는 것이 조금 더 빨리, 조금 더 친밀한 관계를 만들어준 경험 때문이었다.

인간관계를 가깝게 만들어주는 심리적 요소 중에 상호성과 공시성이 있다. 상호성이란 자신을 좋아하는 사람을 좋아하는 것이다. 싸이월드에 서 네티즌을 대상으로 어떤 기준에 의해 일촌을 맺는가를 조사했더니 가 장 중요한 요소가 상호성이었다. 즉 자기에게 먼저 일촌 맺기를 신청한 사람과 상호적으로 일촌 관계를 맺는 것으로 나타났다. 이처럼 대인관계 에서는 내가 먼저 상대방에게 호감을 갖고 그 사실이 전달되어야 상대방 도 내게 호감을 갖게 되는 것이다.

공시성이란 두 사람의 관계가 얼마나 명확하게 표현될 수 있느냐를 의 미하며, 이 공시성에 따라 관계의 방향과 속도가 달라진다. 예를 들어, 불 특정 다수를 대상으로 개최된 대중 강연에서 우연히 옆자리에 앉은 두 사람의 관계는 공시성이 약하다. 어떤 관계인지 표현하기도 어렵고, 대부분 스쳐 지나가는 만남으로 끝난다. 반면에 대학교 최고경영자과정에 참여해 옆자리에 앉은 두 사람은 공시성이 매우 강한 관계다. 동기, 동문, 회원이라는 멤버십을 공유하며 평생의 인연으로 발전할 수 있다.

이처럼 상호성과 공시성은 인간관계를 친밀하게 발전시키는 중요한 요소인데, '형님으로 모시겠습니다'는 상호성과 공시성이 가장 강력하게 작용되는 방법이다. 『삼국지』의 유비, 관우, 장비가 도원결의를 통해 의형제를 맺은 것이 그 대표적인 사례라고 할 수 있다. 평생의 의리를 도모하기 위해 공통의 목적의식을 가지고 형님으로 모시고 동생으로 받아들인 것이다. 사회악이긴 하지만 조직 폭력배 역시 마찬가지 이유로 서로에 대한 호칭을 형님, 동생이라고 하는 것이다.

평생을 의리로 뭉쳐 함께하는 인연을 만들고 싶은가? 그렇다면 알량한 자존심은 모두 버리고 지금 옆에 있는 사람에게 공손하게 말하라.

"형님으로 모시겠습니다."

> 인간이 추구해야 할 것은 돈이 아니다.
> 인간이 추구해야 할 것은 언제나 사람이다.
> / **푸슈킨** /

20
이긴 뒤에 잃는 것, 지고 나서 얻는 것

황제 나폴레옹은 평소 조세핀과 당구를 즐겨 쳤는데 실력과 달리 대부분 지는 경우가 많았다. 그 사실을 의아하게 여긴 신하가 질문을 하자 나폴레옹은 이렇게 답했다.

"물론 내 당구 기술이 뛰어나긴 하지. 그렇지만 내가 그녀를 이겨 기뻐하는 것보다는 그녀가 나를 이겨 기뻐하는 모습을 보는 것이 더 행복하다네. 당구 게임을 져줌으로써 그녀와 나 두 사람 모두가 행복해지니 얼마나 좋은 일인가."

초등학교 때 친했던 친구 중에 P가 있다. 나처럼 바둑을 매우 좋아해

시간이 날 때마다 둘이 함께 바둑을 두었다. P는 바둑교실에도 다니고 있었고 실력도 매우 뛰어났기에 내가 그를 바둑으로 이긴다는 것은 불가능에 가까운 일이었다. 그런데 이상하게도 P가 두세 번을 이기면 그 다음에는 내가 한 판 정도를 무난히 이기는 것이었다. 처음에는 운이 좋거나 아니면 내 바둑 실력이 향상된 것이라고 생각했다. 그러던 어느 날 우연히 P의 아버님이 하신 말씀을 들으며 그 이유를 깨달을 수 있었다. P의 아버님은 오랜 기간 중동에서 건설업을 하셨던 분인데 하루는 P와 내가 바둑을 두는 모습을 지켜보더니 넌지시 이렇게 말씀하셨다.

"친구끼리는 져줘야 한다. 특히 사소한 것은 절대로 이기려 들지 말고 모두 져줘라. 많이 져주는 사람이 좋은 친구를 만들 수 있다."

아직은 어린 나이였기에 P의 아버님이 하신 말의 뜻을 정확하게 이해하지는 못했지만, 그래도 무언가 마음속에 뜨끔한 것이 느껴졌다. 동시에 내가 실력이 좋아서 바둑을 이긴 것이 아니라 P가 아버지의 가르침에 따라 져준 것이라는 사실도 깨달을 수 있었다. 참으로 소중한 교훈이었는데, 아쉽게도 시간이 지나면서 새까맣게 잊어버린 채 인생을 살아왔다. 철부지 초등학생이었으니 당연한 일이었겠지만, 만약 그때의 깨달음을 평생 실천해왔다면 틀림없이 내 인생은 더욱 멋지고 아름다웠을 것이다.

곰곰이 생각해보면 사람의 인생이 부질없고 때때로 큰 낭패를 겪게 되는 이유도 아주 작은, 사소한 일들에 목숨을 걸기 때문이다. 어지간하면 작은 일은 양보해도 그만이련만 어느 것 하나 지기 싫어하고 끝까지 이기려드는 어리석은 고집과 자존심 때문이다. 언젠가 동네 이웃끼리 바둑을 두다가 사소한 시비가 생겨 끝내 살인으로까지 번졌다는 사건이 신문에 보도된 적이 있다. 보잘것없는 바둑 승부 때문에 가장 소중한 목숨까지 잃어버린 것이다. 이런 악연을 피하고 사람들과 좋은 관계를 맺으려면 평소에 사소한 일은 내가 양보하고 져주어야 한다.

제1차 세계대전이 끝나고 얼마 후, 데일 카네기는 런던에서 개최되는 한 만찬에 참석했다. 음식을 먹으며 대화를 나누던 중 한 사람이 "인간이 어떤 일을 벌이든 최종 결정은 하나님 손에 달려 있다"라는 말을 인용했다. 그는 그 문장이 성경에 나오는 구절이라고 설명했다. 그렇지만 그것은 셰익스피어의 작품에 나오는 말이었다. 카네기는 즉시 반론을 제기하며 실수를 지적했다. 하지만 그 사람은 전혀 자기의 주장을 굽히지 않았고 오히려 펄쩍 뛰며 화를 내기 시작했다. 두 사람은 장시간에 걸쳐 설전을 벌였지만 결론이 나지 않아 카네기의 친구인 프랭크 가몬드에게 누구의 주장이 옳은지 물었다. 가몬드는 오랜 기간 동안 셰익스피어에 대한 연구를 진행해오던 참이었다. 가몬드는 다른 사람들이 눈치 채지 못하게 식탁 아래로 카네기의 발을 툭 차면서 눈을 찡긋 하더니 이렇게 말했다.

"데일, 자네가 틀렸네. 저 신사 분이 옳아. 그 문장은 성경에 나오는 말이네."

집으로 돌아오는 길에 카네기는 가몬드에게 따져 물었다.

"가몬드, 왜 그렇게 말한 건가? 자네도 그 인용문이 셰익스피어의 작품에 나오는 말이라는 것쯤은 잘 알고 있을 텐데 말이야."

가몬드가 답했다.

만 남 의   지 혜

"물론 알고 있지. 『햄릿』 5막 2장에 나오는 말이라네. 하지만 우리는 그 만찬에 초대받은 손님이야. 굳이 그 사람이 틀렸다는 것을 증명해 즐거운 파티를 망치고 그 사람의 체면을 구길 필요가 있을까? 그렇게 해서 얻어지는 것은 아무것도 없다네. 오히려 한 사람의 적을 만들 뿐이지."

이 일을 통해 카네기는 논쟁에서 최선의 결과를 얻는 방법은 바로 그 논쟁 자체를 피하는 것이라는 사실, 그리고 논쟁을 통해서는 오직 적과 원한이 만들어질 뿐이라는 교훈을 깨닫고 평생 불필요한 논쟁을 멀리하려고 했다.

티보Thibaut와 켈리Kelly의 사회교환이론Social Exchange Theory에 따르면, 인간관계가 유지되고 해체되는 것은 서로가 투자한 노력이 얼마만큼의 보상을 받느냐에 달려 있다. 즉 자신이 투자한 시간적, 금전적, 정신적 노력에 대한 보상이 크게 이뤄지는 인간관계는 만족을 느끼고 장기간에 걸쳐 유지된다. 반면에 보상이 이뤄지지 않거나 적게 일어나는 경우는 인간관계가 약화되거나 해체될 가능성이 높아진다. 여기서 보상은 정서적인 보상과 물질적인 보상을 모두 포함한다. 따라서 다른 사람과 좋은 관계를 맺으려면 물질이나 이익의 배분뿐 아니라 토론이나 논쟁, 사소한 감정싸움이 생겼을 때 해결하는 방법도 신경 써야 한다. 가장 좋은 방법은 져주는 것이다.

미국 시카고 대학교 심리학과 보아즈 케이사르 박사는 흥미로운 실험 하나를 진행했다(코미디닷컴, 2008. 12. 19., 김미영 기자). 일정한 액수의 돈을 다른 사람과 나누려고 할 때 상대방의 반응에 따라 분배 액수가 어떻게 달라지는지를 밝히는 실험이었다.

● 실험 1 : '내가 먼저 가져간다'는 인상을 줄 때

연구진은 피실험자 학생에게 100달러를 건네며 "옆방의 학생과 돈을 나누는데 당신이 얼마를 가지고 가느냐에 따라 달라진다. 마음대로 액수를 정하라"고 했다. 그러자 피실험자 학생 40명은 평균 50.50달러를 가져가고 옆방 학생에게 49.50달러를 남겨 줬다. 대등하게 나눈 셈이다.

● 실험 2 : '남이 먼저 가져간다'는 인상을 줄 때

연구진은 피실험자 학생에게 100달러를 건네며 "옆방의 학생과 돈을 나누는데 옆방 학생이 이미 50달러를 가져가 남은 50달러를 너에게 준다"라고 설명했다. 잠시 후에 "이번에는 너에게 먼저 100달러를 줄 테니 마음대로 나눠봐라"라고 했다. 그랬더니 피실험자 학생 40명은 평균 58달러를 갖고 42달러만 옆방 학생에게 남겨줬다. 상대방이 먼저 가져간 데 대해 복수를 한 셈이다.

● 실험 3 : 후하게, 똑같이, 야박하게 차등을 두고 나눈 결과

연구진은 피실험자 학생들에게 처음 나온 100달러에 대해 옆 방 학생이 1) 후하게 자신은 30달러만 가지고 피실험 학생에게

70달러를 나눠줬다, 2) 평등하게 50달러씩 나눴다, 3) 야박하게도 자신은 70달러나 가져가고 피실험 학생에게는 30달러만 남겨놓았다고 각각 알려줬다. 그러고 나서 "새로 100달러가 나왔는데 어떻게 분배할 거냐"라고 물었더니 피실험 학생 120명은 평균 1) 53달러, 2) 45달러, 3) 34달러를 각각 상대 몫으로 남겼다.

상대방이 후하게 굴면 나도 후하게 베풀려고 노력하지만, 상대방이 야박하게 굴면 나도 야박하게 복수하려는 감정이 생겨난다는 것이 이 실험에서 말하는 최종 결론이다.

우리 속담에 '지는 게 이기는 것이다'라는 말이 있다. 진다는 것은 어찌 보면 팔불출이 되는 것처럼 느껴지고, 어찌 보면 상대방에게 '봉'노릇을 하는 것처럼 여겨진다. 그럼에도 그것이 좋은 인간관계를 만드는 가장 현명한 방법이다. 사람은 누구나 자신을 이기려드는 사람보다는 자신에게 져주는 사람을 좋아하기 때문이다. 또한 자신을 이기려드는 사람에게는 원망과 앙심이 생기지만, 자신에게 져주는 사람에게는 관용과 배려의 마음이 생겨나기 때문이다.

사소한 일에 목숨 걸지 말고 무조건 져주라. 인간관계에서는 지는 것이 이기는 것이요, 져주는 사람만이 좋은 친구를 만들 수 있다.

- 자신을 낮출 줄 아는 사람은 중요한 자리에 오를 수 있고, 남 이기기를 좋아 하는 사람은 반드시 적을 만나게 된다. **– 경행록** 景行錄

- 인생의 기술 90퍼센트는 싫어하는 사람과 사이좋게 지내는 방법에 관한 것. **–새뮤얼 골드윈**

- 나는 다른 사람의 행동을 비웃거나 탄식하거나 싫어하지 않았다. 오로지 이해하려고만 했다. **–스피노자**

- 위인과 만나거든 너의 좋은 인상을 남기도록 하되, 소인과 만났을 때는 그 사람의 좋은 인상만을 남기도록 하라. **–새뮤얼 테일러 콜리지**

- 인간관계를 즐겁게 만드는 것은 상호 간의 공통점이지만, 인간관계를 흥미 롭게 만드는 것은 상호 간의 차이점이다. **–토드 루스먼**

- 그 사람의 신발을 신고 오랫동안 걸어보기 전까지는 그 사람을 판단하지 말라. **–인디안 속담**

- 신발이 어디가 끼는지는 오직 신고 있는 사람만이 안다. **–영국 속담**

- 타인의 결점을 눈으로 똑똑히 볼 수 있는 것은 바로 우리들 자신에게도 그 런 결점이 있기 때문이다. **–쥘 르나르**

- 친구를 비판하는 것이 마음 아플 때는 비판해도 좋다. 그러나 거기서 조금 이라도 즐거움을 느낄 때는 입을 다무는 것이 상책이다. **–아라비아 속담**

- 사람들은 총알이 장전된 총을 조심스럽게 다뤄야 하는 것은 알면서도 말을 조심스럽게 해야 한다는 것을 알지 못한다. **–작자 미상**

- 그대에게 잘못이 없다면 화낼 이유가 없다. 만일 그대가 잘못했다면 화낼 자격이 없다. **–간디**

- 논쟁을 하면서 분노를 느낀다면 진리가 아니라 자기 자신을 위해 논쟁하기 때문이다. **–토머스 칼라일**

- 화가 치밀어 오르거든 마음속으로 열을 세라. 열까지 세어도 화가 가라앉지 않으면 백까지 세라. **–토머스 제퍼슨**

- 당신을 비난하는 사람 앞에서도 의연한 태도를 지켜라. 화를 냄으로써 상대방이 만들어놓은 수렁에 빠지지 말라. **–마르쿠스 아우렐리우스**

- 논쟁에 귀 기울여라. 그러나 논쟁에 가담하지는 말라. **–고골**

- 긴 논쟁은 쌍방이 다 옳지 않다는 증거이다. **–볼테르**

- 사람을 침묵시켰다고 해서 그의 마음까지 변화시킨 것은 아니다.
  –존 모리세이

- 논쟁은 사람을 설득하는 가장 불리한 방법이다. 사람들의 의견은 못과 같아서 때릴수록 깊이 들어가버린다. **–유베날리우스**

- 교양이란 화를 내지 않고, 그러면서도 자신의 신념을 잃지 않은 채 어떤 얘기라도 들을 수 있는 능력을 말한다. **–로버트 프로스트**

- 남을 용서할 수 없는 사람은 앞으로 자신이 지나가야 할 다리를 스스로 파괴하는 셈이다. 왜냐하면 사람은 누구나 용서받을 일을 벌이게 마련이니까. **–토머스 풀**

어렵게 생각할 필요 없다. '만남은 인연, 관계는 노력'이다.
좋은 인간관계에 왕도란 없다. 선연과 악연도 없다. 어디까지나
내 하기 나름이며, 내가 어떤 노력을 기울이느냐에 따라 달라진다.

3

만남은
인연이지만
관계는
노력이다

21

뒤늦게 후회하지 않으려면

중국 전국시대 조趙나라 혜문왕惠文王 때 인상여蘭相如와 염파廉頗라는 두 인물이 있었다. 인상여는 원래 환관 무현武賢의 식객에 불과했으나 뛰어난 재능과 혁혁한 공을 인정받아 경대부卿大夫에 임명되었다. 그러자 이에 큰 불만을 품은 염파는 사람들에게 공공연히 이렇게 말하곤 했다. "나는 목숨을 걸고 전쟁터를 누비며 나라를 위해 공을 세웠다. 그런데 미천한 인상여가 어찌 나보다 높은 자리에 오를 수 있단 말인가? 이는 필시 세 치 혀를 간사하게 놀린 까닭이니 내가 그를 만나면 큰 망신을 주고 말리라."

염파의 말은 즉시 인상여의 귀에도 전해졌다. 그러자 인상여는 몸

이 아프다는 핑계로 조회에 참석하지도 않으며 염파를 피해 다녔
고, 길을 가다가도 염파의 수레가 다가온다는 소리를 들으면 골목
에 숨어 염파가 지나가기만을 기다렸다. 이런 행동을 못마땅하게
여긴 부하들이 그 이유를 묻자 인상여는 이렇게 답했다.

"진秦나라가 우리나라를 침략하지 못하는 이유는 나와 염파 장군이
있기 때문이다. 그런데 우리 두 사람이 서로를 헐뜯고 싸우기 시작
한다면 둘 중에 한 사람은 살아남지 못할 것이고 나라는 큰 위험에
처하게 될 것이다. 내가 염파 장군을 피하는 것은 사적인 감정보다
나라의 존망이 더 중요하기 때문이다."

죽음까지 함께할 수 있는 막역한 사이를 이르는 문경지교刎頸之交에 얽
힌 이야기다. 사람들을 통해 인상여의 깊은 뜻을 전해들은 염파는 자신의
잘못을 깨닫고, 웃옷을 벗고 가시몽둥이를 등에 진 다음 인상여의 집 앞
으로 찾아가 매질을 청한다. 그러자 인상여는 버선발로 뛰쳐나와 염파의
두 손을 잡고 화해한다는 내용이다.

정말 두 사람 모두 대단한 인물, 그야말로 대인이 아닐 수 없다. 나라
를 위해 사사로운 감정을 참아내는 인상여, 자신의 잘못을 깨닫자 스스로
매질을 청하며 죄를 뉘우치는 염파의 모습은 우리 같은 평범한 사람들로
서는 감히 흉내조차 내기 어려운 수준의 인품을 보여준다. 그렇더라도 이
런 참을성은 우리 같은 범인들도 반드시 갖추려 애써야 할 대인관계의 기
본 원칙이라고 할 수 있다. 앞에서도 잠깐 말했지만, 사람의 인연이란 정

해져 있는 것이 아니기 때문이다. 때로는 선연이었던 것이 자칫 잘못하면 악연으로 변하고, 또 지금은 악연이지만 나의 노력에 따라 선연으로 발전되기도 하는 것이 사람의 인연이다. 몇 가지 사례를 살펴보자.

링컨 대통령이 변호사로 활동하던 젊은 시절, 에드윈 M. 스탠턴이라는 유명 변호사와 함께 사건을 맡게 되었다. 스탠턴은 링컨을 시골뜨기라고 무시했고, "왜 저 긴팔원숭이를 끌어들였느냐?"라며 모욕적인 언사를 일삼곤 했다. 훗날 링컨이 대통령 후보에 지명되었을 때도 "일리노이 주의 스프링필드에 가면 고릴라를 잡을 수 있다"라는 말로 인신공격을 서슴지 않았다. 이는 스프링필드에서 태어난 링컨의 외모가 고릴라를 닮았다는 사실에 빗대어 조롱한 것이었다. 스탠턴의 적대적인 말과 행동은 링컨이 대통령에 당선된 이후에도 계속되었으며, 두 사람의 정적政敵 관계는 모든 사람에게 널리 알려졌다.

그러던 중 남북전쟁이 발발하자 링컨은 주변 사람들의 반대를 무릅쓰고 스탠턴을 전시 국방장관으로 임명하는 결정을 내렸다. 스탠턴이 비록 자신에게 반대하는 정적이지만 애국심이 강하고 정직하며 군대를 엄격하게 관리할 수 있는 인물이라고 링컨은 믿었다. 그리고 자신의 판단에 따라 개인적인 감정은 모두 접어둔 채 스탠턴을 국방장관에 기용한 것이다. 링컨의 판단은 옳았다. 스탠턴은 남북전쟁을 승리로 이끄는 데 크게 기여했고, 미국 역사상 가장 위대한 전시 국방장관으로 손꼽히게 되었다.

남북전쟁이 끝난 지 며칠 뒤인 1865년 4월 14일, 링컨은 암살범 존 윌크스 부스의 총에 맞아 숨을 거두고 말았는데 이때 눈물을 가장 많이 흘리며 슬퍼했던 사람은 다름 아닌 스탠턴이었다. 비탄에 잠긴 그는 다음과 같은 말로 링컨의 죽음을 애도했다.

"시대는 변하고 세상은 바뀔지라도 이 사람은 온 역사의 재산으로 남을 것이다. 이제 그 이름 영원하리."

자칫 잘못하면 큰 악연이 될 뻔했던 관계가 링컨의 인내심에 의해 선연으로 바뀐 것이다. 링컨은 다른 사람들의 잘못과 실수를 항상 너그럽게 용서했으며 정치적인 반대파나 정적들에게도 관용을 베풀었다.

남북전쟁이 한창이던 1863년 7월 4일, 남군 사령관 로버트 리Robert Lee는 북군의 총공세에 밀려 포토맥 강까지 퇴각하고 말았다. 하지만 며칠째 계속된 폭우로 인해 도저히 강을 건널 수가 없었다. 앞에는 강물이 넘실대고 뒤에서는 북군이 포위망을 좁혀오고 있는 상황. 리 장군으로서는 패배 아니면 항복밖에 선택의 여지가 없었다. 북군으로부터 이러한 전황을 보고받은 링컨은 지체 없이 남군을 공격하라는 명령을 내렸다. 하지만 미드 장군은 작전회의를 여는 등 여러 가지 구실을 만들어 공격을 지연시켰다. 그러는 동안 폭우로 넘쳤던 강물이 줄어들었고, 리 장군과 남군은 포토맥 강을 넘어 도주하고 말았다. 이 소식을 듣고 격노한 링컨은 미드 장군에게 한 통의 편지를 썼다.

친애하는 미드 장군, 나는 이번에 놓친 남군의 탈출이 가져올 불행한 사태에 대해 장군이 올바른 인식을 하고 있었다고 믿기 어렵군요. 적은 바로 우리 눈앞에 있었으며, 장군이 재빨리 그들을 공격했다면 틀림없이 전쟁은 끝이 났을 것이오. 그러나 이제는 그런 희망이 모두 사라져버렸고, 오히려 전쟁은 무한정 길어질 상황에 처해버렸소. 이렇게 장군이 포위망에 갇힌 적조차 공격할 수 없다면 어떻게 포토맥 강을 넘어 남군을 공격하는 일이 가능하겠소? 앞으로 장군이 승리를 거둘 수 있으리라고 기대하는 것은 마치 기적을 바라는 일과 같으며, 사실 나는 이제 그런 기적을 바라지 않소. 장군은 하늘이 내려준 황금 같은 기회를 놓쳤고, 그로 인해 나 역시 끝없는 고통에 빠지게 되었소.

링컨의 편지를 읽은 미드 장군의 심정이 어땠을까? 그러나 미드 장군은 이 편지를 받아보지 못했다. 링컨이 보내지 않은 이 편지는 링컨의 사후에 그의 유품과 함께 발견되었다. 틀림없이 링컨은 편지를 보내 미드 장군에게 맹비난을 퍼붓고 싶었을 것이다. 그렇지만 그런 행동이 북군의 승리를 위해 아무런 도움이 되지 않으리라는 것, 오히려 큰 해가 될 수 있다는 사실을 잘 알고 있었을 것이다. 때문에 링컨은 인상여가 염파에게 했던 것과 마찬가지로 미드 장군에게 사적인 감정을 터뜨리는 대신 묵묵히 참아내기로 결심한 것이리라. 이러한 인내와 관용의 정신이 있었기에 링컨은 미국 역사상 가장 뛰어난 업적을 남기며 많은 사람의 존경을 받는 위대한 인물로 남을 수 있었던 것이다.

그리스 속담에 '한 시간의 인내는 십 년의 안락이다'라는 말이 있다. 어찌 십 년의 안락뿐이겠는가. 내 생각으로는 삼십 년, 오십 년, 그 이상의 안락이 좌우된다고 믿는다. 실제로 내 삶에서 가장 후회스러운 두 번의 악연 또한 그저 한순간의 분노를 참지 못해 생겨난 일들이었다. 만약 지금이라면 중국 한漢나라의 한신韓信이 불량배들의 가랑이 밑을 기어서 지나갔듯이 그저 꾹 참아냈을 것이다.

자, 이미 지나간 일을 후회해봤자 무슨 소용이 있겠는가. 이제부터라도 잘해볼 일이다. 적을 만들고 싶지 않다면, 악연을 피해 가고 싶다면 잠시 잠깐의 분노는 모두 참아버리라. 참는 사람이 대인이요, 대인에게는 친구와 선연이 줄을 지어 찾아오게 마련이다.

> 사람의 가치는 타인과의 관계로서만 측정할 수 있다.
> / 니체 /

만 남 의 지 혜

22
현명하게 마음을 얻는 법

19세기 미국의 시인 월트 휘트먼이 친구와 함께 산책을 하던 중 낯선 사람과 대화를 나누게 되었다. 그런데 휘트먼이 20분간 혼자 떠드는 동안 상대방은 아무런 말도 하지 않고 그저 가만히 듣고만 있었다. 이윽고 그 사람과 헤어지고 난 후 휘트먼은 친구를 바라보며 이렇게 말했다.

"저 사람은 참 머리가 좋군."

그 말을 들은 친구는 깜짝 놀라 휘트먼에게 물었다.

"아니, 자네가 그걸 어떻게 알 수 있다는 말인가? 그 사람은 한 마디 말도 안 했는데……."

그러자 휘트먼이 답했다.

"물론 아무 말도 안 했지. 그렇지만 그 사람은 내 이야기를 잘 들어 주었어. 머리가 좋은 사람이 아니라면 그럴 수 없는 일이지."

휘트먼의 이 일화를 보면 침묵을 지키는 것만으로도 현명한 사람이라는 평가를 받을 수 있으니 경청은 그야말로 위대한 덕목이 아닐 수 없다. 휘트먼은 또한 "이제 난 아무것도 하지 않고 듣기만 하련다. 섞이고, 합치고, 뭉치고, 뒤따르는, 도시의, 도시 밖의 낮과 밤의 모든 소리를"이라고 노래하며 삶에서의 침묵과 경청을 찬양했다.

사실 경청에 대해서는 역사 이래 수많은 사람들이 그 중요성을 강조했다. 칭기즈칸은 "내 귀가 나를 가르쳤다"라고 했으며, 폴 틸리히 교수는 "사랑의 첫 번째 의무는 경청하는 것이다"라고 했다. 삼성그룹 이건희 회장이 회사에 첫 출근하던 날, 아버지 이병철로부터 경청傾聽이라는 휘호를 선물 받았다는 일화도 전해진다.

이뿐 아니다. 일반 직장인들도 원활한 커뮤니케이션의 조건으로 '듣기'를 꼽았다. 2012년 취업 포털 사이트 잡코리아가 직장인 1357명을 상대로 '직장인 소통'을 조사했더니, 40.1퍼센트가 커뮤니케이션을 잘하기 위해 필요한 것으로 '잘 듣기'를 꼽았다고 한다. 이처럼 경청은 인간관계와 커뮤니케이션에 있어 매우 중요한 비중을 차지하는 요소며, 누구나 그 중요성을 인식하고 있다.

하지만 경청은 쉬운 일이 아니다. 스위스 정신과 의사 폴 루르니에는

만 남 의 지 혜

"우리는 다른 사람이 하는 말을 절반만 듣고, 들은 것의 절반만 이해하며, 이해한 것의 절반만을 믿는다. 그리하여 마침내는 믿는 것의 절반만을 겨우 기억할 수 있다"라고 말했다. 또 다른 연구결과를 보면, 경청 훈련이 되어 있지 않은 상태에서는 듣고 있는 내용 중 대략 25퍼센트만 기억하고 75퍼센트는 흘려버린다고 한다. 짧은 말일지라도 정확히 기억하는 비율은 50퍼센트 정도라고 한다.

사실 우리는 경청하기보다는 서로 말을 하려는 경향이 강하다. 폴 W. 스웨츠 박사의 『사람들이 경청하도록 말하는 기술』(2001, 해일)을 보면 자식을 잃어버린 슬픔에 잠긴 조 베일리라는 사람의 독백이 소개되고 있다.

나는 비통함에 가슴이 찢겨 주저앉아 있었다. 누군가 내게 다가와 이런 일이 일어난 것은 하느님만이 알고 계시는 계획이라며 내세의 희망에 대해 말해주었다. 그는 쉬지 않고 지껄였다. 그는 내가 이미 알고 있는 사실들을 떠들어댔다. 내 마음은 달라질 것이 없었다. 그가 가버렸으면 하는 생각만 들 뿐. 그는 결국 가버렸다. 또 한 사람이 내 곁에 다가와 앉았다. 그는 아무 말도 하지 않았다. 그는 내게 말을 걸기 위한 질문들을 하지 않았다. 그는 단지 한 시간이 넘게 내 옆에 앉아 내가 하는 말들을 들어주고 짤막한 대답과 기도를 해준 뒤에 내 곁을 떠났다. 그러자 변화가 일어났다. 나의 마음은 편안해졌다. 그를 보낸 것이 못내 아쉬웠다.

아마 누구나 한 번쯤은 이런 경험이 있을 것이다. 어떤 슬픔이나 고통에 잠겨 있는데 나의 감정과는 상관없이 서투른 위로의 말을 늘어놓는 사람이 얼마나 많았던가! 물론 그들의 의도는 선한 것이었지만, 막상 그 조언들은 어떤 도움도 되지 못했다. 오히려 고독감과 쓸쓸함만을 더해줬을 뿐. 차라리 아무 말 없이 내 곁에 앉아, 그저 따뜻한 눈빛으로 바라봐주고 손 한번 쓸어줌이 더 큰 위로가 되었던 적이 있음을 기억하고 있을 것이다. 이런 사실을 알면서도 우리는 또 같은 실수를 저지른다. 내가 할 말을 좀 더 줄이고 상대방의 말을 좀 더 들어준다면 우리의 삶은 보다 평화로워질 것이다.

듣기를 나타내는 영어단어로 '히어링hearing'과 '리스닝listening'이 있는데 두 말은 서로 다른 의미를 지닌다. '귀의 아인슈타인'으로 불리는 프랑스 의학자 알프레 토마티Alfred Tomatis는 "히어링은 귀에 들려오는 소리를 듣고 무심히 흘려보내는 수동적 듣기이고, 리스닝은 의식을 집중해 정보를 모은 뒤 이를 분석해 뇌로 보내는 능동적 듣기"라고 설명했다. 그리고 경청은 수동적인 히어링이 아니라 능동적인 리스닝이 더욱 중요하다고 강조했다.

그런데 경청은 왜 그리도 어려운 것일까? 가장 먼저 생각할 수 있는 이유로는, 사람은 자기중심적인 존재라는 점이다. 미국 뉴욕 시 전화국에서 사람들이 전화통화를 할 때 어떤 단어를 가장 많이 사용하는지 조사해보았다. 그 결과 1위를 차지한 것은 '나'라는 단어였다. 500통의 전화에서 무려 3900번이나 사용된 것으로 밝혀졌다. 세상에서 가장 소중한 것은

만 남 의   지 혜

'나'라는 존재다. 그런데 이러한 자기중심적 태도는 불가피하게 타인에 대한 무관심을 유발하고 타인의 이야기를 귀 기울여 듣는 행동을 가로막는다.

이 외에 말하는 사람의 작은 목소리나 불분명한 발음, 정확하지 못하거나 중의적인 표현, 주변의 소음, 듣는 사람의 고정관념이나 편견 등도 경청을 방해하는 요소들이다. 그렇지만 경청을 저해하는 가장 큰 원인은 신체적 구조에 의한 '선택적 인식selective perception'에 있다. 사람은 보통 1분에 150~250단어의 말을 할 수 있는데, 우리의 뇌는 그보다 네 배 정도 더 많은 400~800단어의 정보처리능력을 가진 것으로 알려져 있다. 즉 귀로 들어오는 정보를 처리하고도 여분의 시간이 남게 되므로 우리의 정신은 여러 가지 정보에 분산돼버리는 것이다. 반면에 우리의 눈은 1초에 500만 가지 정보를 인식하는 데 반해 정신은 단지 500가지만 인식할 수 있다고 한다. 따라서 모든 외부 자극을 처리할 수 없기 때문에 선택적 인식이라는 방법을 택하게 되는 것이다. 즉 가장 관심 있고 흥미로운 정보만 선택적으로 받아들이고 나머지 정보는 무시해버리는 것이다.

심리학 용어 중에 '칵테일파티 효과cocktail party effect'라는 것이 있다. 많은 사람이 모여 있는 칵테일파티 장에서는 다른 사람들의 대화 내용이 잘 들리지 않지만 유독 자신의 이름이나 자신이 관심을 갖고 있는 특정한 이야기는 귀에 쏙쏙 들어오는 선택적 지각 현상을 설명하는 용어다. 결국 이런 점을 토대로 판단해볼 때 상대방의 이야기가 매우 관심 있는 주제인 경우를 제외한다면 경청은 의도적인 노력과 집중, 반복적인 훈련을 통해서만 향상될 수 있다는 점이 분명해진다. 그렇다면 어떻게 해야 할까?

　미국 화이자 제약회사의 회장을 역임한 제프 킨들러에게는 '경청형 리더'라는 수식어가 따라다닌다. GE 전 회장 잭 웰치는 제프 킨들러를 "그는 팀원들이 위기 상황에서 똑바로 가도록 이끄는 일류crackerjack 리더다"라고 평가했으며, 맥도날드 사의 제임스 캔탈루포 전 회장은 "그는 내가 본 그 누구보다 현실적인down-to-earth 리더다. 그는 냉정하게 상황을 파악하기 위해 항상 듣고 또 듣는다"라며 제프 킨들러에 대한 칭찬을 아끼지 않았다. 2007년 제프 킨들러가 회장으로 선출된 당시, 화이자는 잇따른 특허 침해 소송과 신흥 제약회사들의 등장으로 주가가 40퍼센트 이상 폭락하며 내리막길을 걷고 있었다. 제프 킨들러는 '듣고 또 들어라. 위기가 뚫린다'라는 신념을 바탕으로 화이자의 위기를 극복해나갔다. 가장 먼저 그는 직원들의 생각을 경청하기 위해 다음과 같이 실천했다.

　"매일 아침, 나는 1센트 동전 열 개를 왼쪽 바지 주머니에 넣고 집을 나선다. 회사에 출근해 직원들을 만나면 그들의 이야기를 경청한다. 그러곤 상대방의 이야기를 충분히 공감해주었다고 판단되면 왼쪽 주머니에 있는 동전 하나를 오른쪽 주머니로 옮긴다. 저녁에 퇴근하면 오른쪽 주머니로 옮겨간 동전의 개수만큼 10점씩 점수를 준다. 모든 동전이 옮겨갔으면 '100점'을 주는 것이다. 이런 방법으로 매일 저녁 만점을 받는 것이 내가 실천하는 중요한 일과 중 하나다."

　정말 대단한 일이 아닐 수 없다. 이처럼 경청은 단순히 의지만 갖고서 해결되는 문제가 아니다. 지속적인 훈련과 반복에 의해서만 그 능력이 향상된다. 더불어 다른 사람과 대화를 나눌 때는 눈 맞춤, 고갯짓, 장단 맞추기, 감정 이입, 반응하기와 같은 경청 스킬이 필요할 때도 있으니 함께 연습하는 것이 좋다.

당신은 현명한 사람이라는 평가를 듣고 싶은가? 다른 사람들과 친밀한 관계를 형성하고 싶은가? 그렇다면 지금 당장 동전 열 개를 주머니에 넣고 다니며 경청을 훈련하라. 상대방의 말을 경청하면 그 사람의 마음을 얻을 수 있다는 이청득심以聽得心의 경지에 이를 수 있을 것이다. 미국 메리 케이 창업주 메리 케이 애시의 말을 교훈 삼아보자.

"북적대는 방에서 누군가와 이야기를 할 때면 나는 그 방에 우리 두 사람만 있는 것처럼 생각하고 그를 대한다. 모든 것을 무시하고 오직 그 사람 하나만을 바라본다. 고릴라가 들어와도 나는 신경 쓰지 않을 것이다."

1 경청을 결심하라

경청을 위해서는 결심이 필요하다. 다른 사람들의 말을 집중해서 듣겠다는 의지가 없기 때문에 경청이 되지 않는 것이다. 언제 어디서 누구와 대화를 나누든지 먼저 경청을 다짐하라.

2 열린 마음으로 들으라

사람들은 고정관념과 편견, 선입관에 사로잡혀 있으며 이런 요소들은 경청을 방해한다. 누군가의 이야기를 들을 때는 색안경을 끼지 말고 열린 마음으로 들으라.

3 상체를 기울이라

대화 중에는 상대방을 향해 몸을 기울이라. 상체를 앞으로 기울인다는 것은 상대방의 이야기에 관심이 많다는 표현으로 상대방이 고무되어 이야기를 할 수 있다. 또한 상대방의 작은 목소리도 놓치지 않고 들을 수 있다.

4 표정과 몸짓을 주시하라

경청은 귀뿐 아니라 눈으로 하는 것도 중요하다. 대화 중에는 상대방의 표정과 태도, 자세, 몸동작 등을 살피며 이야기를 통해 드러나지 않는 내면의 생각과 감정을 헤아리라.

5 눈을 마주치라

눈은 가장 진실된 대화를 주고받을 수 있으며 가장 빠르게 공감대가 형성되는 의사소통 채널이다. 대화 중에는 지속적인 눈 맞춤을 통해 상대방의 눈빛이 말하는 내용을 경청하라.

6 고개를 끄덕거려라

고갯짓은 동의와 지지, 관심과 공감의 표시가 되며 상대방이 한껏 이야기를
할 수 있게끔 북돋워준다. 대화 중에는 적절한 고갯짓으로 잘 듣고 있고 공감
하고 있음을 표현하라.

7 몸동작으로 반응을 나타내라

대화는 듣는 사람의 반응에 따라 즐겁기도 하고, 반면에 말하고 싶은 욕구가
사라지기도 한다. 적절한 손짓, 팔짓 등 보디랭귀지를 통해 상대방의 이야기
에 반응을 나타내라.

8 상대방의 말을 반복, 요약하라

상대방의 말을 반복하거나 요약하는 것은 관심과 경청의 증거가 되며, 상대
방의 말에 담긴 의미를 파악하는 데 도움을 준다.

9 질문을 하라

질문은 상대방의 말을 올바르게 이해하는 가장 좋은 방법이다. 적절한 질문
을 통해 상대방의 생각, 의도를 확인하라.

10 공감을 형성하라

경청의 궁극적인 목적은 상호 간의 공감 형성이다. 대화 중에는 상대방의 생
각과 감정, 상대방이 처해 있는 입장과 상황을 헤아리고 공감을 형성하라.

● 경청 능력 체크 리스트

아래 내용을 읽고 자신이 해당하는 항목에 'O'를 표시하시오.

나는 대화 중에 _____

1 상대방의 얼굴을 바라보며 눈 맞춤을 교환한다. (   )

2 상대방의 말을 들으며 고개를 끄덕인다. (   )

3 상대방의 대화 내용에 따라 적절한 표정을 짓는다. (   )

4 상대방을 향해 몸을 기울이며 관심 있는 태도, 자세를 유지한다. (   )

5 상대방의 목소리 변화에 주의를 기울인다. (   )

6 상대방의 표정과 몸동작 등 비언어 메시지에 주의를 기울인다. (   )

7 상대방의 말에 맞장구를 쳐준다. (   )

8 상대방의 말을 요약, 반복, 질문하여 의사표현을 활발하게 한다. (   )

9 상대방의 말에 지지, 인정, 격려의 말로 반응을 나타낸다. (   )

10 상대방이 대화 시간의 70퍼센트 이상을 말하도록 한다. (   )

* **O의 개수가 8개 이상** 경청 능력 매우 우수. 지지, 인정, 격려 등을 통해 상대방의 생각과 감정에 적극적인 반응을 나타내주면 더욱 좋은 대화를 할 수 있다.

* **O의 개수가 5~7개 사이** 경청 능력 보통. 다른 사람과 대화할 때는 상대방의 목소리 변화와 보디랭귀지에 관심을 갖고 관찰해야 한다. 아울러 적절한 맞장구와 질문을 통해 상대방의 의사표현을 활발하게 해주는 것이 중요하다.

* **O의 개수가 4개 이하** 경청 능력 미흡. 열 가지 항목 중에 자신에게 해당되지 않는 내용이 무엇인지 살펴보고 경청 스타일을 바꿔나가야 한다. 가장 먼저 노력해야 할 사항은 적절한 눈 맞춤, 고갯짓, 표정이다. 다른 사람과 대화할 때는 상대방의 눈을 바라보고, 고개를 끄덕거리며, 대화 내용에 적절한 표정을 나타내야 한다.

23

말하지 않아도 알아요

미국 토크쇼의 여왕 오프라 윈프리가 방송계에 갓 입문해 현장 리포터로 활동하던 때의 일이다. 하루는 도심 한복판에서 큰불이 나서 그 사건을 취재하러 가게 되었다. 현장에 도착해보니 건물은 모두 불타버렸고, 한 부모가 자식을 잃은 슬픔에 잠겨 눈물을 흘리고 있었다. 오프라 윈프리는 마이크를 들이대고 화재 경위나 심정을 묻기는커녕 그들을 자신의 가슴에 끌어안은 채 이렇게 말했다.

"지금 당신들의 심정이 어떤지 이해합니다. 아무 말 안 해도 돼요."

전 세계 210여 개국, 1억 5000만 가정이 시청하는 미국의 토크쇼 〈래리 킹 라이브 쇼)의 진행자였던 래리 킹 또한 이렇게 말했다.

"기자들은 보통 화재현장에 취재를 나가면 소방관들을 붙잡고 화재 원인, 화재 발생 시각, 화재 진화 예상 시간 등에 대한 질문부터 쏟아내지만 나는 소방관에게 다가가 그의 어깨를 두드려주며 '이렇게 위험하고 힘든 곳에서 고생이 많군요'라는 말부터 꺼낸다. 상대방의 입장을 공감할 줄 알아야 그 사람의 속마음을 이끌어낼 수 있다."

누군가 내게 성공적인 인간관계의 비결을 단 한 가지만 손꼽아달라면 나는 주저 없이 '공감'을 말할 것이다. 이 세상에 가장 좋은 부모는 누구인가? 자녀의 마음을 잘 알아주는 부모다. 이 세상에 가장 좋은 친구는 누구인가? 역시 내 마음을 가장 잘 알아주는 친구다. 부하직원의 입장을 가장 잘 이해해주는 사람이 최고의 상사요, 고객의 마음을 잘 헤아려주는 사람이 최고의 영업사원이다.

이처럼 공감은 사람과 사람을 연결시켜주고 사람과 사람 사이에 친밀함과 신뢰감을 형성하게 하는 최고의 덕목이다. 사회적 동물인 사람은 항상 타인으로부터 이해와 공감을 원한다. 사업관계로 술자리가 많은 남편은 아내의 이해와 공감을, 영업실적이 저조한 부하직원은 상사의 이해와 공감을, 연인과 헤어져 슬픔에 잠긴 사람은 친구들의 이해와 공감을, 그리고 나는 이 책에 대한 당신의 이해와 공감을 원한다. 그런데 우리는 어떻게 타인의 생각과 감정에 공감할 수 있는 것일까?

1996년 이탈리아 파르마 대학교 자코모 리촐라티Giacomo Rizzolatti 박사 연구팀은 짧은꼬리원숭이의 뇌에 전극을 꽂아 실험을 했다. 원숭이가 땅콩을 집어들 때마다 특정 뉴런이 반응했는데, 실험 도중 예상치 못한 현상이 나타났다. 실험자가 우연히 땅콩을 집어 들었더니 이를 지켜보던 원숭이의 뇌 속에서 동일한 뉴런이 반응을 보인 것이다. 이를 통해 특정 행동을 따라 할 때 반응하는 신경 세포를 찾아내었고, 그것을 '거울뉴런'이라고 불렀다.

우리가 다른 사람이 하품을 할 때 무의식적으로 따라 하는 것도 바로 이 거울뉴런의 반응 때문이다. 거울뉴런은 행동뿐 아니라 감정에까지도 영향을 미치는데 다른 사람이 웃을 때 따라서 기분이 좋아지고, 누군가가 울 때 따라서 같이 슬퍼지고, 누군가가 짜증 낼 때 같이 기분 나쁜 것은 그 때문이다. 이 거울뉴런으로 인해 우리는 타인의 감정에 이입하고 공감할 수 있는 것이다.

스웨덴 웁살라 대학교의 울프 딤베리Ulf Dimberg 교수 팀 또한 실험을 통해 공감 현상을 증명했다. 실험 참가자들 얼굴에 근육의 움직임을 분석할 수 있는 전자장치를 부착한 후 모르는 사람의 다양한 표정의 사진을 0.5초 동안 보여준 것이다. 실험결과, 아주 짧은 순간 봤을 뿐인데도 실험 참가자들의 얼굴 근육에 움직임이 있었다. 사진 속 얼굴이 무표정했을 때는 실험 참가자들의 얼굴에도 아무런 표정이 없었고, 사진 속 얼굴이 웃는 표정이었을 때는 웃음과 관련된 근육이, 화가 난 표정이었을 때는 분노와 관련된 근육이 움직였다.

2004년 영국 런던 대학교의 신경학연구소 타니아 싱어Tania Singer 박사 팀은 자신의 연인이 고통 받는다는 사실을 아는 것만으로도 뇌의 고통 관

3 장 • 만 남 은 인 연 이 지 만 관 계 는 노 력 이 다

련 부위가 반응한다는 점을 밝혀냈다. 연인관계에 있는 남녀 한 쌍을 같은 방에 두고 남성의 손등에 1초간의 전기 충격을 가하면서 여성의 뇌를 관찰했더니, 남성이 고통스러운 충격을 받으면 여성의 뇌에서도 자신이 고통 받을 때와 똑같은 부위가 활발하게 반응했다. 연인의 고통을 보는 것만으로도 감정을 이입해 반응을 일으킨 것이다. 이 실험에는 총 16쌍의 연인이 참가했다고 한다.

그렇다고 해서 모든 사람들의 공감 능력이 다 똑같은 것은 아니다. 상대가 누구냐에 따라 상황이 어떤지에 따라 달라진다. 학자들의 연구에 의하면, 세 살 미만의 어린아이에게는 '공감 능력'이 없다고 한다. 다른 사람의 마음을 헤아리는 사회적 뇌의 기능이 아직 발달하지 않았기 때문이다. 사회성을 좌우하는 뇌 기능은 전전두엽의 일부인 안와전두엽, 전측대상, 편도핵 등에서 이뤄진다. 이곳에서 다른 사람들의 말과 행동을 인지하여 거기에 수반된 감정을 읽고 적절한 사회적 행동을 하게 되는 것이다. 사회적 뇌는 세 살부터 일곱 살까지 가장 많이 성장하며 그 이후에는 거의 발달되지 않기 때문에 성인의 경우 공감 능력을 향상시키려면 별도의 노력이 필요하다.

미국 텍사스 대학교 윌리엄 이케스William Ickes 교수는 타인의 생각과 감정을 추측해내는 정도를 '공감정확도empathic accuracy'라고 칭했는데, '사전 정보의 양'이 공감정확도를 결정한다고 주장했다. 흔히 오래된 친구, 직장 동료, 부부관계에서는 서로에 대해 알고 있는 정보가 많기 때문에 공감정확도가 높을 것이라고 판단할 수 있다.

그런데 이런 생각과는 정반대로 부부간 공감정확도가 일반적인 대인관계보다 더 낮다는 실험결과가 발표되었다. 뉴질랜드의 심리학자 지오프 토머스Geoff Thomas 외 두 명의 학자는 켄터베리 지역에 살고 있는 부부 80쌍을 초청해 서로 대화를 나누게 하고 그 과정을 녹화했다. 그리고 그 녹화 테이프를 초청한 부부들에게 보여주고 그들이 대화를 나누면서 느낀 서로의 생각과 감정을 적도록 했다. 그 결과, 결혼 기간이 길수록 공감정확도가 점점 떨어진다는 사실이 밝혀졌다. 결혼생활을 오래한 부부들은 최근에 결혼한 부부들보다 배우자의 생각과 감정을 정확하게 추측해내지 못했다. 1981년 사회심리학자 클리포드 스웬슨Clifford H. Swensen은 결혼한 지 오래된 부부일수록 서로를 더 모르며, 서로의 감정과 태도, 좋아하는 것과 싫어하는 것을 예측하는 정도가 떨어진다는 논문을 발표했다.

어째서 이런 현상이 생기는 것일까? 심리학자들은 다음과 같이 설명하고 있다. 오래된 부부들은 상대방의 생각과 감정을 진정으로 헤아리려고 노력하기보다는 상대방에 대한 고정관념에 의거해 잘못 이해한다. 게다가 결혼생활이 지속되면서 부부는 계속 변하지만 의사소통은 점점 줄어든다. 결국 상대방에 대한 정확한 정보의 양은 줄고, 결혼 초기에 형성된 고정관념에 따라 상대방을 판단하게 된다는 것이다.

가난하고 병든 사람들을 위해 평생을 헌신한 테레사 수녀가 인터뷰를 하게 되었다. CBS 앵커인 댄 래더Dan Rather가 질문을 건넸다.

191

"수녀님은 하나님께 기도하실 때 무슨 말씀을 하십니까?"

테레사 수녀는 차분한 목소리로 대답했다.

"저는 기도할 때 말하지 않고 듣습니다."

미처 예상하지 못한 답변을 들은 래더가 다시 질문했다.

"그러면 하나님은 무엇이라고 말씀하십니까?"

"그분도 듣고 계시지요."

고개를 갸우뚱거리며 당황스런 표정을 짓고 있는 댄 래더에게

테레사 수녀가 말했다.

"제가 하는 말을 이해하지 못하신다면 저는 더 이상 설명해드

릴 수가 없답니다."

댄 래더가 테레사 수녀의 말을 이해하지 못한 이유 역시 고정관념 때문이다. 기도는 무언가를 요구하거나 자신의 잘못을 회개하거나 반드시 말로써 이뤄지는 것이라는 고정관념. 그리고 하나님이 반드시 어떤 응답을 주시리라는 고정관념. 이런 고정관념에서 벗어나야 테레사 수녀의 말에 공감할 수 있을 것이다. 이런 이유로 중국의 장자는 "귀로 듣지 말고 마음으로 들어라"라고 말했다.

이처럼 공감 능력은 선천적 요인과 후천적 노력에 의해 달라진다. 미국의 사회학자 마이켈슨Michelson은 "대인기술은 학습을 통해 획득된다"라고 했다. 태어날 때부터 뛰어난 공감 능력을 지니고 있는 사람은 다행스러운 일이지만 그렇지 못한 사람은 지속적인 노력을 통해 자신의 공감 능

력을 향상시켜야 한다. 대학교육도 받지 못하고 주급 55달러짜리 토크쇼 진행자로 출발한 래리 킹이 세계에서 가장 영향력 있는 대담자로 성공한 것은 공감의 중요성을 깨닫고 실천했기 때문이다. 오프라 윈프리 또한 이렇게 말했다.

"듣는 것이란 귀를 이용하여 다른 사람들과 마음을 소통하는 것입니다. 말을 잘하기보다는 타인의 말에 잘 공감하는 태도가 나의 성공 비결입니다."

● 나의 취미는 독서, 음악 감상, 그리고 침묵. - **에디스 시트웰**

● 침묵하지 못할 바에는 침묵보다 더 나은 말을 하라. - **아라비아 속담**

● 듣는 법을 배우라. 기회는 때때로 아주 조용히 문을 노크한다. - **레오나르도 다빈치**

● 알고 있으면서도 말하지 않는 것은 하늘의 경지에 들어가는 최상의 길이다. - **장자**

● 당나귀는 긴 귀로 구별할 수 있고 어리석은 자는 긴 혀로 구별할 수 있다.
 - **유대인 속담**

● 열 번 이상 말하지 않았으면 한 번도 말하지 않은 것과 마찬가지다. - **잭 웰치**

● 의사소통에서 제일 중요한 것은 상대방이 말하지 않은 소리를 듣는 것이다. - **피터 드러커**

● 현명해지기는 아주 쉽다. 그저 머릿속에 떠오르는 말 중에 바보 같다고 생각되는 말을 하지 않으면 된다. - **샘 레벤슨**

● 거북은 아무도 몰래 수천 개의 알을 낳지만 암탉이 알을 낳을 때면 온 동네가 다 안다. - **말레이시아 속담**

● 사람이 말을 잘하는 재능을 갖고 있지 못하면 침묵을 지킬 줄 아는 자각이라도 있어야 한다. 만약 두 가지를 다 가지고 있지 못하면 그 사람은 불행한 사람이다. - **라 브뤼에르**

● 자연은 우리에게 두 개의 귀와 눈을 주었지만 혀는 오직 한 개만 주었

다. 그것은 많이 듣고 많이 보되 말은 그만큼 적게 하라는 하늘의 뜻이다.
－**소크라테스**

● 떡갈나무가 넘어질 때는 온 숲 속에 그 넘어지는 소리가 메아리치지만 수많은 도토리들은 미풍에 소리 없이 떨어져 새로운 씨앗이 된다. －**토머스 칼라일**

24

경솔한 오해, 가로막히는 사이

일요일 아침, 뉴욕의 지하철은 매우 조용하고 평화로운 분위기로
가득했다. 한적한 지하철 안에서 자리에 앉은 승객들은 신문을 읽
거나 저마다 생각에 잠겨 있었다. 그것도 잠시, 두 명의 어린아이가
아버지로 보이는 사람과 함께 지하철에 오르면서부터 한바탕 소동
이 벌어지기 시작했다. 아이들은 지하철 안을 이리저리 뛰어다니며
시끄럽게 떠들었고, 심지어 서로 장난을 치는 과정에서 다른 승객
이 읽고 있던 신문을 떨어뜨리기까지 했다. 그런데도 아버지로 보
이는 남자는 잠자코 자리에 앉아 아무런 표정 없는 눈빛으로 지하
철 바닥만 바라보고 있을 뿐이었다. 지하철에 있던 모든 사람은 아

이들의 버릇없는 행동과 아버지의 무책임함에 짜증을 느끼기 시작했다. 만약 여러분이 그 자리에 있었다면 어떤 기분이 들었겠는가? 그리고 어떻게 반응했을까? 나는 인내심에 한계를 느끼고 그 남자에게 다가가 말했다.

"선생님의 아이들이 다른 사람들에게 큰 불편을 끼치고 있습니다. 이제 그만 하고 얌전히 자리에 앉아 있으라고 말씀 좀 하셔야 되지 않겠습니까?"

그러자 그 남자는 천천히 고개를 들어 나와 주변 사람들을 살펴보더니 힘없는 목소리로 말했다.

"그렇군요. 저도 뭔가 어떻게 해봐야겠다고 생각하고 있던 중입니다. 그런데 사실 지금 막 병원에서 돌아오는 길인데 한 시간 전에 저 아이들의 엄마가 갑작스럽게 죽었답니다. 저는 눈앞이 캄캄해서 무엇을 어떻게 해야 좋을지 판단이 잘되질 않고, 저 아이들 또한 어떻게 행동해야 하는지 혼란스러워하는 것 같습니다. 정말 미안합니다."

그 순간 나는 상황을 다르게 보기 시작했고, 다르게 생각하고, 다르게 느끼기 시작했다. 아이들로 인해 느꼈던 짜증은 순식간에 사라져버렸고, 나의 마음속에는 아이들과 아버지가 느끼고 있는 슬픔에 대한 연민으로 가득 채워졌다. 나는 그 남자에게 따뜻한 위로의 말을 건넸다.

"저런, 방금 전에 부인이 돌아가셨다고요? 뭐라고 위로의 말씀을 드

3 장 • 만 남 은   인 연 이 지 만   관 계 는   노 력 이 다

려야 할지 모르겠군요. 혹시라도 제가 도와드릴 일이 있을까요?"

스티븐 코비가 쓴 『성공하는 사람들의 7가지 습관』(2003, 김영사)에 등장하는 일화다. 스티븐 코비는 이 사례를 예로 들며 패러다임의 중요성에 대해 설명하고 있다. 어떤 패러다임을 가지고 상황을 바라보느냐에 따라 인식이 달라지기 때문에 객관적이지 못한 패러다임에 사로잡힐 경우 오해나 착각, 오류에 빠질 수 있다는 것이다. 지하철에서 목격한 장난꾸러기 아이들과 무책임한 아버지가 실제로는 조금 전 엄마와 아내를 잃은 슬픔과 당혹감에 빠져 어쩔 줄 몰라 하는 사람들일 수도 있다는 것이다.

공자가 채蔡나라로 가던 중 식량이 떨어져 7일 동안을 굶게 되었다. 하루는 어떤 마을에서 잠시 쉬어 가는데 피곤함에 지친 공자가 그만 깜빡 잠이 들고 말았다. 한참 뒤, 어디에선가 밥 냄새가 풍겨와 눈을 떴다. 보니까 제자 안회가 쌀을 구해와 밥을 지은 모양이었다. 그런데 놀랍게도 안회가 먼저 밥 한 술을 입에 떠 넣는 것이 아닌가! 공자는 괘씸한 생각이 들었지만 일체 내색하지 않고 안회를 불러 말했다.

"내가 방금 꿈을 꾸었는데 돌아가신 아버지가 나타나셨다. 지금 네가 지은 밥으로 조상들께 먼저 제사를 드리고 싶구나."

제사는 정갈한 음식으로 지내야 하는 법. 공자는 간접적인 방법으로 안회를 뉘우치게 만들려고 한 것이다. 그런데 안회는 정색을 하며 이렇게 말했다.

만 남 의 지 혜

"스승님, 저 밥으로는 제사를 지낼 수가 없습니다. 제가 솥뚜껑을 연 순간 천장에서 그을음이 떨어졌습니다. 스승님께서 드시기에는 더럽고, 버리기에는 너무 아까워서 제가 그 부분만 조금 떼어 먹었습니다. 이번에는 스승님께서 그냥 드시고, 제가 다시 쌀을 구해 올 테니 그 밥으로 제사를 지내는 것이 좋겠습니다."

안회의 설명을 들은 공자는 쓸데없이 의심을 한 사실을 부끄러워하며 이렇게 탄식했다.

"나의 눈도 나의 머리도 믿을 것이 못되는구나. 그저 내 마음이 보고 싶은 대로 볼 뿐이도다."

이처럼 우리는 눈에 보이는 대로만 판단할 뿐 그 이면의 사정은 고려하지 않기 때문에 자주 난감한 상황을 만들곤 한다. 이렇게 성급히 판단하고 섣불리 오해하는 것은 사람 사이를 가로막는다. 따라서 좋은 인간관계를 맺고자 한다면 겉에 드러난 상황에만 몰두하지 말고 그 이면의 정황을 객관적으로 알아보고 이해하려 노력해야 한다. 일반적으로 다음과 같은 여섯 가지 정황을 헤아리는 것이 중요하다.

1. 직업적 정황
상대방이 하고 있는 일, 업무, 비즈니스와 관련된 환경에 주의를 기울여야 한다. 학생이라면 공부, 직장인이라면 업무, 사업가라면 비즈니스와 관련된 상황을 헤아리려고 노력해야 한다.

2. 육체적 정황

상대방의 육체적 조건, 환경에 대해 주의를 기울여야 한다. 신체적 장애, 건강과 질병, 체력 등에 관련된 상황을 헤아리려고 노력해야 한다.

3. 정신적 정황

상대방의 정신적 환경에 대해 주의를 기울여야 한다. 내면의 긍정적 감정과 부정적 감정을 헤아리려고 노력해야 한다.

4. 가족적 정황

상대방의 가족관계에 관련된 환경에 주의를 기울여야 한다. 부모, 형제, 배우자, 자녀와 관련된 상황을 헤아리려고 노력해야 한다.

5. 재정적 정황

상대방의 재정적 환경에 주의를 기울여야 한다. 재산, 금전, 채무, 재정적 상황 등을 헤아리려고 노력해야 한다.

6. 사회적 정황

상대방의 사회적 환경에 주의를 기울여야 한다. 교육, 단체, 모임, 취미, 정치적 성향, 종교적 신념 등을 비롯한 사회적 상황을 헤아리려고 노력해야 한다.

예를 들어, 직장 상사가 특별한 이유도 없이 갑자기 부하직원들에게 화를 내고 있다고 해보자. 그런 경우 임원으로부터의 질책(직업적 정황), 심한 몸살이나 피로(육체적 정황), 우울증이나 만성 스트레스(정신적 정황), 아내와의 불화나 자녀 문제(가족적 정황), 카드빚이나 주식 투자 실패(재정적 정황), 지인과의 갈등(사회적 정황) 등 각기 다른 여섯 가지 상황이 원인으로 작용할 수 있다. 따라서 우리는 겉으로 드러난 상황에 의거해서만 판단하지 말고 상대방이 처해 있는 다양한 정황들을 이해하려고 노력할 때 비로소 진정한 소통을 할 수 있고 공감의 폭을 넓혀갈 수 있다.

　네덜란드의 철학자 스피노자는 이런 말을 남겼다.

　"나는 다른 사람의 행동을 비웃거나 탄식하거나 싫어하지 않았다. 오로지 이해하려고만 노력하였다."

　우리도 다른 사람의 행동을 나의 관점에서만 섣불리 판단해 비난하지 말고, 상대방이 처해 있는 여섯 가지 정황을 이해하도록 노력해보자.

66

새에겐 둥지가 있고 거미에겐 거미줄이 있듯 사람에겐 우정이 있다.
/ 윌리엄 블레이크 /

99

25

사랑받는 사람이 되고 싶다면

프랑스의 전쟁 영웅 나폴레옹이 황제가 된 후의 일이다. 신임을 얻으려는 대신들의 아첨이 점점 심해지자 이를 경계하기 위해 나폴레옹은 일체 자신에 대한 어떠한 칭찬도 입 밖에 꺼내어 말하지 말 것을 명령했다. 그러던 어느 날, 한 신하가 나폴레옹에게 다가와 이렇게 말했다.

"저는 진심으로 황제 폐하를 존경합니다. 그 이유는 폐하가 칭찬을 싫어하기 때문입니다."

이 말을 들은 나폴레옹의 반응은 어땠을까? 자신이 직접 칭찬하기를 금지시켰음에도 나폴레옹은 그 신하에게 화를 내기는커녕 매우 기뻐했다.

『순자荀子』의 「영욕榮辱」편을 보면 '선언난어포백善言煖於布帛'이라는 말이 나오는데 '좋은 말을 남에게 베푸는 것은 비단과 베옷을 입히는 것보다 더 따뜻하다'는 뜻이다. 칭찬을 싫어하는 사람은 없으며 사람은 누구나 칭찬을 듣고 싶어 한다. 심리학자 윌리엄 제임스는 "인간성의 가장 깊은 원리는 칭찬받고자 하는 욕망이다"라고 말했다.

나폴레옹에 얽힌 앞 사례에서도 알 수 있듯이 칭찬은 본질적으로 듣는 사람을 기쁘고 행복하게 만들어준다. 칭찬을 들으면 우리 뇌에서 만족감과 쾌감을 느끼는 도파민이 퍼지기 때문이다. 미국의 팝가수 마돈나는 어린 시절 못생긴 외모 때문에 고민했는데, 무용 선생인 크리스토퍼 플린으로부터 "고대 로마의 신상처럼 아름답구나"라는 칭찬을 들은 후 자신감을 회복해 유명인이 될 수 있었다고 한다. 미국의 경영학 박사이자 베스트셀러 저자인 케네스 블랜차드는 그의 저서 『칭찬은 고래도 춤추게 한다』에서 길들여지지 않은 범고래에게 칭찬을 들려주면 수면 위로 3미터 이상을 뛰어오르게 만들 수 있다는 '고래 반응'을 소개하면서 칭찬의 뛰어난 효과를 강조하고 있다.

사실 칭찬에 관해서는 오래전부터 수많은 학자들과 다양한 연구 결과물들이 그 중요성을 강조해왔다. 행동주의 심리학자 벌허스 스키너Burhus F. Skinner는 "칭찬은 행동을 변화시키는 가장 강력한 도구다. 칭찬은 칭찬을 듣는 사람으로 하여금 어떤 행동을 더 잘하도록 하며, 모험을 받아들이도록 용기를 준다"고 주장했다. 정신분석학자 프로이트는 "사람이란 공격에는 저항할 수 있지만 칭찬에는 모두 무기력하다"고 말했다. '바보라도 칭찬을 해주면 유용하게 쓸 수 있다'는 영국 속담도 있다.

칭찬의 효과에 관련된 실험으로는 '로젠탈 효과rosenthal effect'가 있다. 1964년, 로버트 로젠탈Robert Rosenthal과 레노어 제이콥슨Lenore Jacobson은 샌프란시스코의 한 초등학교에서 전교생을 대상으로 돌발성 학습능력 예측이라는 지능 테스트를 실시했다. 그리고 나서 검사결과와 상관없이 한 반에서 20퍼센트 정도 학생을 무작위로 선발한 후 교사에게 명단을 넘겨주며 "수개월 내에 지적 능력이나 학업 성취 향상 가능성이 높은 학생들"이라고 설명했다. 8개월 후 동일한 학생들을 대상으로 다시 지능검사를 실시했는데, 놀랍게도 무작위로 선발한 20퍼센트의 명단에 속했던 학생들이 다른 학생들보다 높은 평균 점수를 기록한 것을 볼 수 있었다. 이 연구결과를 통해 교사의 칭찬과 기대가 학생의 성적 향상에 큰 영향을 미친다는 사실이 알려졌고, 이를 로젠탈 효과라고 부르게 되었다.

일본에서 생후 4개월 된 아이를 대상으로 3년 이상 추적 조사한 결과, 부모가 자주 칭찬하는 아이의 사회 적응 능력이 그렇지 않은 아이에 비해 두 배 이상 높았다는 결과가 발표되었다. 칭찬은 자신감과 자아존중감self-esteem을 길러주어 대인관계에 적극적으로 임하게 하기 때문이다.

뉴욕 스토니브룩 대학교 연구팀의 연구결과, 칭찬을 받지 못하는 여성들은 삶의 질이 현저히 떨어지는 것으로 나타났다.

칭찬은 직장에서도 큰 힘을 발휘한다. 안철수연구소에서 임직원 500여

만 남 의   지 혜

명을 대상으로 실시한 설문조사에 따르면, 직장에서 가장 듣고 싶은 말은 "참 좋은 아이디어야! 역시 자넨 아이디어 뱅크야!"와 같은 창의력을 인정해주는 말이 1위(35%)로 꼽혔다. 한화그룹의 사내 설문조사에 의하면 후배들은 "수고했어", "잘했어"라는 말을 가장 듣고 싶어 하며 선배들은 "존경합니다", "멋져요"라는 말을 가장 듣고 싶어 하는 것으로 확인됐다. 또 다른 기업에서는 '직장생활에서 가장 행복을 느낄 때'라는 주제로 설문조사를 실시했는데 '칭찬과 격려를 받을 때'라는 응답이 1위(45%)로 나타나 상사의 칭찬과 격려가 동기부여, 직장 만족도에 중요한 영향을 끼치는 것으로 나타났다.

이렇게 칭찬이 여러 가지 긍정적인 효과를 발생시킴에도 아직까지 우리 사회는 칭찬에 인색한 문화다. 아니, 정확하게는 칭찬에 익숙하지 않은 문화라고 말해야 옳을 것이다. 대부분의 사람이 타인으로부터 칭찬을 듣게 되면 어색하고, 타인에게 칭찬의 말을 건네는 데도 서투르다.

얼마 전 기업에 강의를 나가 교육생들끼리 칭찬을 주고받게 했는데, 한 여성이 옆자리에 앉은 남성에게 이렇게 말하는 것을 본 적이 있다.

"얼굴이 참 솔직하게 생기셨네요."

모르긴 몰라도 그 말을 들은 남성의 마음에는 적잖은 불쾌감이 생겼을 것이다. 가끔은 교육생들에게 나에 대해 칭찬해보도록 하는데, 가장 흔하게 나오는 칭찬(?)이 "얼굴이 훤하십니다", "얼굴에 광채가 나십니다"와 같은 말들이다. 물론 내가 앞머리가 벗겨진 '빛나리'다 보니 다분히 장난기 섞인 말이겠지만, 그렇다고 해도 듣는 사람의 입장에서는 그리 기분 좋은 말은 아니다.

발명왕 토머스 에디슨이 예순일곱 살이 되었을 때 공장에 불이 나 삽시간에 잿더미로 변하고 말았다. 자포자기 상태로 실의에 빠져 있는 에디슨에게 자동차 왕 헨리 포드가 나타나 75만 달러짜리 수표를 내밀며 이렇게 말했다.

"이자는 받지 않을 테니 돈이 더 필요하면 얼마든 이야기하십시오."

포드가 이렇게 아낌없는 도움을 베풀게 된 데는 그럴 만한 이유가 있었다. 오래전 자동차를 개발하던 시절, 기술적인 문제가 발생할 때마다 포드는 에디슨을 찾아가 조언을 구했다. 그때마다 에디슨은 이런 말을 들려주었다.

"포드, 지금 자네가 하는 자동차 개발은 참 대단한 일이네. 틀림없이 교통수단에 획기적인 혁명을 불러올 거야. 그러니 절대 포기하지 말고 더욱더 열심히 매달리게나. 나는 자네가 반드시 성공할 것이라고 믿네."

이와 같은 에디슨의 칭찬과 격려가 있었기에 포드는 가솔린 엔진을 개발할 수 있었다. 따뜻한 칭찬 한마디가 훗날 화재라는 곤경에 처했을 때 결정적인 도움을 받을 수 있는 끈끈한 우정을 만든 것이다.

프랑스 속담에 '칭찬은 아낄수록 손해를 본다'라는 말이 있다. 심리학으로 설명하자면 '심리적 부담 효과'에 해당할 것이다. 사람은 누구나 대차貸借 관계를 균형 있게 유지하려는 경향이 있어 심리적 부담을 느끼면 상대에게 빚을 갚아야 한다는 감정이 생겨난다. 즉 칭찬을 받은 사람은 칭찬해준 사람에게 심리적 부담을 느끼고 그에 상응하는 행동을 하게 된다는 것이다. 따라서 칭찬은 좋은 인간관계를 맺을 수 있는 가장 좋은 방법이다.

탈무드에도 "세상에서 가장 사랑받는 사람은 모든 사람을 칭찬하는 사람이요, 가장 행복한 사람은 감사하는 사람이다"라는 말이 있다. 누군가의 사랑을 받고 싶으면 그 사람에게 진심 어린 칭찬을 들려주면 된다. 다른 사람을 기쁘게 해주면서도 말하는 사람에게 다시 보답으로 돌아오니, 칭찬만큼 아무 비용 없이 따뜻하게 베풀 수 있고 자신에게 이로움으로 돌아오는 일이 세상에 또 어디 있으랴.

다만 철학자 마르크스 밀러의 "칭찬은 배워야 할 예술이다"라는 말처럼 칭찬은 태어날 때부터 저절로 주어지는 능력이 아니라 반복적인 학습과 연습을 통해 획득되는 일종의 대인기술이라는 사실을 잊지 말아야 한다. 하루에 세 번, 세 사람에게 따뜻한 칭찬을 건네보자. 지금 당장 내 옆에 있는 사람에게!

1 신체적 특징(얼굴, 이미지, 목소리)에 대해 칭찬하라.

얼굴이 참 예쁘시네요. 인상이 참 좋으시네요. 목소리가 참 듣기 좋아요.

2 복장(액세서리)에 대해 칭찬하라.

양복이 잘 어울리시네요. 넥타이가 무척 세련된 스타일이네요.

3 성격(성품)에 대해 칭찬하라.

정말 이해심이 많으시네요. 언제나 참 자상하세요.

4 능력(재능)에 대해 칭찬하라.

박사학위를 취득하셨다니 정말 대단하십니다.

5 행동(태도)에 대해 칭찬하라.

매사에 긍정적이고 열정적인 모습이 멋지십니다.

6 목표(계획)에 대해 칭찬하라.

정말 대단한 비전이네요. 쉽지 않은 계획일 텐데 훌륭하십니다.

7 과정(노력)에 대해 칭찬하라.

어려운 여건 속에서도 최선을 다해 노력해주신 점 고맙습니다.

8 결과(성취)에 대해 칭찬하라.

다른 사람은 쉽게 따라 할 수 없는 뛰어난 성과를 거두셨군요.

9 부속물(소유물)에 대해 칭찬하라.

집이 참 근사하네요. 애완견이 참 예뻐요.

10 상대방에게 기대하는 사항을 칭찬하라.

앞으로도 지금처럼 활짝 핀 밝은 미소를 보고 싶습니다.

26

주머니 속 송곳은 어떻게 드러나는가

중국 전국시대 말기 조趙나라 재상 평원군平原君은 사군자의 한 사람이자 대단한 호걸로 무려 3000명의 식객들을 거느리고 있었다. 그러던 어느 해, 진秦나라가 갑작스럽게 쳐들어와 도읍 한단을 포위하자 조나라는 초나라와 동맹을 맺기 위해 평원군을 사신으로 보내기로 결정했다. 평원군은 식객 중에 문무가 뛰어난 사람 스무 명 데리고 가려고 했는데, 열아홉 명까지 선발해놓고 나머지 한 명을 쉽게 결정하지 못했다. 그때 모수毛遂라는 사람이 찾아와 자신을 일행에 포함시켜달라고 말했다. 그 말을 들은 평원군은 모수에게 질문을 했다.

"자네가 내 집에 기거한 지 얼마나 되었는가?"

"이제 3년이 되어갑니다."

"재능이 뛰어난 사람은 송곳이 주머니 속에 있어도 날카로운 끝이 드러나는 것처럼 눈에 띄게 마련이지. 그런데 자네는 내 집에 온 지 3년이 지났어도 내가 이름을 처음 들어보는데 도대체 무슨 능력이 있다는 말인가?"

그러자 모수는 평원군에게 이렇게 대답했다.

"저는 오늘 처음으로 주머니 속에 넣어주기를 청하는 것입니다. 만약 평원군께서 저를 일찌감치 주머니 속에 넣어주셨다면 송곳의 끝은 물론 송곳자루까지 나와 있었을 것입니다."

평원군은 호언장담하는 모수의 모습에 끌려 그를 사절단에 포함시켰다. 모수는 초나라와의 협상에 참여해 큰 공을 세웠고, 마침내 조나라와 초나라는 동맹을 맺게 되었다. 그 이후 평원군은 모수를 상객上客으로 후하게 대접했고, 이때부터 낭중지추囊中之錐는 '재능이 뛰어난 사람은 사람들 사이에 숨어 있어도 자연스럽게 남의 눈에 드러난다'는 뜻으로 쓰이기 시작했다.

바야흐로 현대 사회는 자기 PR의 시대다. 적절한 PR은 현대인으로서의 능력이자 미덕으로 평가받고 있다. 기업과 사회 역시 능력 있고 얌전한 사람보다는 능력 있고 적극적인 사람에게 더 후한 점수를 주고 있다.

아마도 낭중지추와 같은 사람은 가만히 있어도 저절로 인정받을 수 있을 것이다.

그렇지만 대부분의 평범한 사람은 자신이 지니고 있는 장점과 능력을 얼마나 잘 인식시킬 수 있느냐에 따라 직장과 사회에서의 성공 여부가 달라지게 마련이다. 따라서 우리는 적절하게 자기 자신을 PR할 수 있는 방법에도 많은 관심과 노력을 기울여야 한다.

실제로 우리는 살아가는 매 순간 수많은 자기 PR을 거치게 된다. 다른 사람을 만날 때 으레 주고받는 자기소개가 그렇고, 대학이나 회사에 들어가기 위해 작성하는 이력서와 자기소개서도 그렇다. 명함 역시 일종의 자기 PR이다. 이처럼 자기 PR은 우리의 삶과 일에서 중요한 영역을 차지하고 있다. 그럼에도 자기 PR은 몇 가지 한계점을 지니고 있다.

첫째, 자기 PR은 역효과를 초래할 수 있다. 자기 PR이 잘못되면 잘난 척하거나 오만한 사람으로 보일 가능성이 있다. 그렇게 되면 호감보다는 반감이 형성되고, 결국 자기 PR을 안 하느니 못한 결과를 불러올 수 있다.

둘째, 자기 PR은 신뢰감을 형성하기 어렵다. 본인 스스로 자신의 강점과 장점을 PR하는 것은 그다지 큰 신뢰감을 주지 못한다. 구체적인 데이터나 자료가 없으면 과장이나 허풍으로 인식될 수 있기 때문이다. 또한 성품이나 성격처럼 한 번에 쉽게 측정하기 어려운 요소를 PR하는 것은 한계가 있다.

셋째, 자기 PR은 책임이 따른다. 자기 PR은 자기 입으로 자신에 대해 주장한 사실들이므로 진위 여부에 대한 명확한 책임이 뒤따른다. 이야기

만 남 의   지 혜

한 사실과 다르거나 거짓된 부분이 드러나면 심각한 불신을 초래할 수 있다. 아울러 자기 PR은 한번 발언한 후에는 그 내용을 수정하거나 번복하기 어렵다.

넷째, 자기 PR은 경쟁을 불러일으킬 수 있다. 자기 PR은 타인에게 시기, 질투의 감정을 생기게 할 수 있다. 이렇게 되면 불필요한 경계심을 유발하거나 주변 사람들을 경쟁자로 돌변시킬 수도 있다.

다섯째, 자기 PR은 전파력이 약하다. 자기 PR은 직접 만나는 사람들을 대상으로 이뤄지기 때문에 내가 만나지 못하는 사람들에게는 전달될 가능성이 거의 없다.

따라서 자기 PR은 꼭 필요한 상황에서만 활용하고 그보다는 사람들이 나를 PR하도록 만드는 타인 PR이 보다 바람직하고 효과적인 방법이다. 모수가 평원군을 찾아가 "주머니 속에 일찍 넣었다면 송곳의 끝과 송곳자루까지 나와 있었을 것"이라고 말한 것은 자기 PR에 해당된다. 그런데 함께 기거하던 식객들 또는 주변 사람들이 이런 말로 모수를 추천해주었다면 그것이 바로 타인 PR이다.

"모수는 실로 학식이 깊고 다방면에 재주가 뛰어난 사람인데 아직 때를 만나지 못해 그 진가가 발휘되지 못했습니다. 이번에 사신의 일행으로 함께 데려가면 초나라와의 동맹을 이끌어내는 데 큰 도움이 될 것입니다."

사회생활을 하다 보면 자기 PR이 필요한 경우가 많이 생긴다. 직장인이라면 승진, 고과평가, 연봉협상, 업무분장, 프로젝트 책임자를 선발할 경우 자기 PR이 필요해진다. 개인 사업자, 전문직 종사자, 영업사원의 경우에는 고객이나 거래처 직원을 만났을 때 어떻게 자기 PR을 하느냐에 따라 비즈니스 성과가 달라진다. 이럴 때 자기 PR이 아니라 타인 PR이 이뤄진다면 몇 배 더 좋은 결과를 만들어낼 수 있을 것이다.

가장 중요한 것은 생각의 전환이다. 자신의 입으로 자신을 PR하려는 생각은 버리고 타인을 통해 나를 홍보하는 타인 PR의 중요성을 깨달아야 한다. 타인 PR의 장점은 자기 PR의 단점과 정반대라고 생각하면 된다.

첫째, 역효과가 발생하지 않는다. 자기 PR처럼 반감이 생길 가능성이 적다.

둘째, 신뢰감이 증진된다. 제3자의 말은 보다 더 객관적으로 전달된다.

셋째, 책임성이 없다. 내가 직접 말한 사항이 아니기 때문에 PR 내용에 책임지지 않아도 된다.

넷째, 경쟁을 피해 갈 수 있다. 타인을 통한 PR이기 때문에 직접적인 경쟁의식을 불러일으키지 않는다.

다섯째, 전파력이 강하다. 조 지라드의 법칙에 의하면 내가 만나는 한 사람마다 각각 주변에 있는 250명에게 타인 PR이 일어날 수 있다.

철학자 파스칼은 "다른 사람에게 칭찬을 듣고 싶다면 스스로 자신의 칭찬을 늘어놓지 말라"고 했고, 이슬람 시인 사디Mudli-al-Din Sadi는 "스스로 자신을 칭찬하는 자는 자기 외에는 아무것도 보지 못하는 사람이다"라고 했다. 나는 이렇게 말하고 싶다.

"내가 없는 자리에서 사람들이 나를 칭찬한다면 나는 성공에 필요한 3분의 1을 이룬 것이다. 누군가가 없는 자리에서 내가 그를 칭찬한다면 나는 성공에 필요한 3분의 1을 이룬 것이다. 나와 함께 일하는 사람들이 칭찬을 받는다면 나는 성공에 필요한 3분의 1을 이룬 것이다. 그렇지만 내가 스스로를 칭찬한다면 나는 실패에 필요한 전부를 이룬 것이다."

자기 PR도 좋지만 대인관계에서는 스스로 자기 자신을 칭찬하지 말라. 좋은 인간관계를 맺는 비결은 내가 남을 칭찬하고, 남이 나를 칭찬하게 만드는 것이라는 사실을 기억하라.

- 웃음과 칭찬은 아낄수록 손해 본다. - **프랑스 속담**

- 칭찬이라는 것은 배워야 할 예술이다. - **마르크스 뮐러**

- 바보라도 칭찬을 해주면 유용하게 쓸 수 있다. - **영국 속담**

- 좋은 칭찬 한마디면 두 달을 견딜 수 있다. - **마크 트웨인**

- 칭찬 한마디는 3개월간의 겨울을 따뜻하게 만들어준다. - **일본 속담**

- 사람이란 공격에는 저항할 수 있지만 칭찬에는 모두 무기력하다. - **프로이트**

- 스스로 자신을 칭찬하는 자는 자기 외에는 아무것도 보지 못하는 사람이다. - **사디**

- 다른 사람에게 칭찬을 듣고 싶다면 스스로 자신의 칭찬을 늘어놓지 말라. - **파스칼**

- 차가운 차와 찬밥은 참을 수 있으나 차가운 말은 도저히 참을 수 없다. - **중국 속담**

- 그가 없을 때 그를 칭찬하고 그를 대할 때 그를 존경하며 그가 괴로울 때 그를 도와주라. - **한비자**

- 친구를 칭찬할 때는 모든 사람이 알게 하고, 친구를 책망할 때는 당사자 외에는 아무도 모르게 하라. - **독일 속담**

- 세상에서 가장 현명한 사람은 모든 사람으로부터 배울 수 있는 사람이요, 가장 사랑받는 사람은 모든 사람을 칭찬하는 사람이요, 가장 강한 사람은 자신의 감정을 조절할 줄 아는 사람이다. - **탈무드**

27
유머는 세계관이다

제2차 세계대전 초기 미국은 중립을 선언한 채 어느 쪽에도 가담하지 않고 방관하는 입장이었다. 독일에게 밀려 전세가 불리했던 영국으로서는 다른 나라의 지원이 절실했기에 처칠은 도움을 요청하러 미국으로 건너갔다.

호텔에 도착한 처칠이 목욕을 마친 후 수건만 두른 채 소파에 앉아 있었는데 루즈벨트 대통령이 사전 연락도 없이 방으로 들어섰다. 처칠이 자리에서 일어나는데 공교롭게도 그만 수건이 흘러내려 고스란히 알몸이 드러나고 말았다. 그렇지만 처칠은 전혀 당황하지 않고 양팔을 높이 쳐들더니 이렇게 말했다.

"보시는 것처럼 영국은 미국 대통령에게 아무것도 숨기는 것이 없답니다."

처칠의 유머와 인간적인 면모에 호감을 느낀 루즈벨트는 참전을 결심했고, 영국과 미국은 제2차 세계대전을 승리로 이끌었다.

잠깐 개인적인 에피소드를 하나 소개한다. 지금은 고등학생인 아들이 초등학교에 입학하기 전 보내온 문자 두 건이 있는데 각기 다른 날짜에 보내온 것이다.

아빠! 힘내세요. 힘내라 힘. 사랑해요. 그리고 용돈 좀 주세요!

아버지 감사해요. 제가 존경하는 아버지가 안 계셨더라면 돈을 못 구해 물건을 사지도 못할 거예요. 도둑이나 강도가 되어 살게 될 거예요. 아버지 건강하게 오래오래 사세요.

웃자고 소개한 문자인데 혹시 썰렁했는가? 아무튼 나는 아들에게 용돈을 많이 쥐여주었다. 그리고 사랑하는 아들을 위해 건강하게 오래오래 살려고 열심히 노력하고 있다. 지금은 아들이 사춘기에 접어들어 다소 말수가 적어졌지만 아무쪼록 유머 넘치는 사람으로 즐겁게 살아가길, 험난한 인생을 살아가다 참기 힘든 역경에 처했을 때 부디 유머의 힘으로 슬기롭게 극복해나가길 기대해본다.

승리의 V자로 유명한 영국 수상 윈스턴 처칠은 매우 다양한 면모를 지닌 특이한 인물이었다. 노벨문학상을 수상할 정도로 뛰어난 글 솜씨를 지녔으며 화가로도 명성을 날렸다. 항상 시가 파이프를 물고 다녔던 처칠의 모습은 고뇌하는 리더로서의 이미지를 각인시키기도 했다. 하지만 평소에는 오전 시간 내내 침대에서 생활하며 게으름을 피우곤 했다. 이런 상반된 행동 때문에 그를 사납고 고집스러운 불도그에 비유하는 사람도 적지 않다.

그렇지만 처칠이 제2차 세계대전을 승리로 이끈 전쟁 영웅이요, 위대한 지도자라는 사실에는 변함없을 것이다. 무엇보다는 그는 뛰어난 유머 감각을 통해 자신이 처했던 수많은 반대와 비난, 역경을 극복하고 사람들의 존경을 받는 인물로 우뚝 설 수 있었다. 몇 가지 일화를 살펴보자.

> 처칠이 하원의원에 출마했을 때의 일이다. 하루는 후보자 간 토론에 참석했는데, 상대 후보가 무차별적인 인신공격을 시작했다.
> "처칠 후보는 아침에 일찍 일어나지 않는다고 하는데 그렇게 게으른 사람은 의회에 앉을 자격이 없다고 생각합니다."
> 이 말을 들은 처칠은 이렇게 대답했다.
> "당신도 나처럼 예쁜 아내와 함께 산다면 틀림없이 일찍 일어나지 못할 겁니다."
> 청중은 웃음을 터뜨렸고, 처칠은 하원의원에 당선되었다.

한번은 처칠이 연설을 위해 연단 위로 오르다가 실수로 넘어지고 말았다. 청중이 웃음을 터뜨리자 그는 마이크를 잡고 이렇게 말했다.

"제가 넘어져 국민들이 즐겁게 웃을 수 있다면 몇 번이라도 다시 넘어지겠습니다."

청중은 뜨거운 박수를 보내며 처칠에게 환호했다.

유머는 인간관계에서 윤활유와 같은 작용을 한다. 사람은 누구나 재미있는 사람을 좋아하기 때문에 유머는 호감을 형성하는 데 있어 가장 효과적인 방법이다. 유머를 듣고 웃으면 엔도르핀, 세라토닌, 도파민 등이 분비되어 기분을 전환시켜주며 특히 사랑의 묘약으로 불리는 옥시토신이 분비되어 정서적 유대감, 친밀감을 느끼게 해준다.

스위스 취리히 대학교 에른스트 페르Ernst Fehr 교수는 사람의 코에 옥시토신을 뿌리면 타인에 대한 신뢰감이 증대된다는 연구결과를 발표했다. 연구팀은 128명의 남성에게 40스위스센트(미화 32센트)를 주고 투자게임을 실시했다. 그 결과, 옥시토신 냄새를 맡은 참가자들은 45퍼센트가 수익을 나누어줄 것을 믿고 돈을 맡겼다. 반면 옥시토신 냄새를 맡지 않은 참가자들은 돈을 투자하는 비율이 21퍼센트에 그쳤다. 옥시토신이 타인에 대한 신뢰감을 두 배나 높여주는 것으로 나타난 것이다.

이처럼 유머는 호감, 친밀감, 신뢰감 형성에 긍정적인 효과를 발휘한다. 또한 일상적인 대화, 협상, 설득의 순간에 유머를 구사하면 보다 유리한 결과를 얻을 수 있으며 반대와 비판, 거절의 순간에 사용하는 유머는 심각한 갈등과 대립을 완화시켜준다. 모임이나 회의에서 대화가 무거워질 때 사용되는 유머는 분위기를 밝고 가볍게 전환시켜준다.

또한 유머는 우리의 운명을 바꿔놓는다. 링컨은 "내게 밤낮으로 무서운 긴장감이 생겼기 때문에 만일 내가 웃지 않았다면 나는 이미 죽은 지 오래되었을 것이다"라고 말한 적이 있다. 실제로 링컨 역시 처칠 못지않은 탁월한 유머감각의 소유자였다. 링컨이 상원의원에 출마했을 때의 일이다. 경쟁 후보인 스티븐 더글러스가 연설 도중 링컨에게 공격을 퍼붓기 시작했다.

"링컨은 말만 그럴듯하게 하는 두 얼굴을 가진 이중인격자입니다."

잠시 후 연단에 오른 링컨은 침착한 말투로 이렇게 말했다.

"제가 두 얼굴의 소유자라면 오늘같이 중요한 날에 왜 못생긴 얼굴을 들고 나왔겠습니까?"

승부는 당연히 링컨의 승리로 끝났다.

레이건 대통령의 유머 또한 널리 알려져 있다. 1981년, 저격범의 총에 맞아 병원으로 실려 가면서 레이건은 부인 낸시에게 "여보, 고개 숙이는 것을 깜박 잊었소"라고 말했다. 수술을 담당한 의사들에게는 "모두 공화당원이죠?"라는 농담을 건넸고, 간호사들이 지혈을 위해 몸에 손을 대자 "낸시에게 허락은 받았나요?"라고 물었다. 정말 대단한 유머감각이 아닐 수 없다. 이에 감동받은 미국 국민들은 전폭적인 신뢰를 보냈고, 레이건의 지지율은 83퍼센트까지 치솟았다. 신학자 하비 콕스는 "운명과 유머는 같이 세계를 지배한다"고 말했다. 링컨, 레이건, 처칠은 유머를 통해 자신의 운명과 세계의 역사를 바꾼 대표적 인물들이라고 할 수 있을 것이다.

사람들을 자신의 편으로 만들고 친밀한 관계를 형성하고 싶다면 적극적으로 유머감각을 키워라. 한 가지 명심해야 할 것은 유머도 결국 나의 노력에 달려 있다는 사실이다. 실제로 태어날 때부터 천부적으로 유머감각이 넘치는 사람은 그리 많지 않다. 따라서 평소 재미있는 이야기를 찾아서 외우고, 대화할 때 사람들을 웃겨보는 연습을 자주 해봐야 한다.

중국 후한後漢 말기에 사마휘司馬徽라는 사람이 있었다. 그는 대화할 때 언제나 '하오[好]'라고 대답해 '호호선생好好先生'이라는 별명이 붙었다. 그런데 사마휘의 '하오'는 그 정도가 심해 친구가 병에 걸렸을 때도, 이웃집 사람이 죽었을 때도 '하오'라고 하는 것이었다. 하루는 지켜보던 아내가 참다못해 이렇게 핀잔했다. "위로의 말을 건네야 할 상황에서도 무조건 좋다[好]고만 말하면 사람들이 어찌 생각하겠습니까? 그것은 옳지 않은 행동입니다."

그러자 사마휘는 이렇게 대답했다.

"좋아요[好], 좋아[好]. 지금 당신이 한 말이 정말 좋아요[好好好]."

중국 명明나라 말기의 문장가 풍몽룡馮夢龍이 저술한 『고금담개古今談慨』에 나오는 이야기로, '호호好好'는 모든 게 다 좋다는 뜻으로 중국말로 하면 '하오하오'가 된다. 프랑스 철학자 떼이야르 드 샤르댕Teilhard de Chardin은 "유머는 기분이 아니라 세계관이다"라고 말했다. 유머는 그저 즐거운 기분이 아니라 한 번뿐인 인생을 밝고 긍정적으로 살아가겠다는 가치관이라는 뜻이다. 아마도 호호선생이 이런 가치관을 지닌 사람이 아니었을까.

심리학자인 윌리엄 제임스는 이렇게 말했다.

"행복해서 웃는 게 아니라, 웃으면 행복해지는 것이다."

이 말을 나는 이렇게 바꿔 표현하고 싶다.

"유머감각이 있어야 사람들을 웃길 수 있는 것이 아니라, 사람들을 웃기려 노력하다 보면 자연스럽게 유머감각이 생겨나는 것이다."

수평적 야망은 돈과 권력을 추구하는 전통적이고 수직적 의미의 야망이 아니라
다양한 인간관계와 경험을 통해 풍부한 삶을 만드는 데 몰두하는 야망을 말한다.
/ 페이스 팝콘 /

28

피그말리온이 연인을 만난 것은

대학 시절, 몹시 수줍어하는 성격이었던 나는 마음에 드는 여자를 보아도 선뜻 행동으로 옮기지 못했다. 때로는 용기를 내어 말을 걸어본 적도 있지만, 대부분 "관심 없어요"라는 대답만 들었을 뿐이다. 하지만 나와 함께 어울려 다니던 친구는 나와 정반대였다. 그는 전혀 모르는 이성에게도 말을 잘 걸었고 불과 2분도 채 안 되어 오랜 친구처럼 웃으며 대화를 나누기도 했다. 어느 날, 나는 그 친구에게 비결을 물어보았다. 그런데 그 친구의 대답은 매우 간단했다.

"상대방이 나를 좋아하게 될 거라고 믿는 거야."

그는 남학생과 여학생 모두에게 인기가 있었는데 누구나 그를 좋아하는 것 같았다. 게다가 교수들에게까지 마술을 걸어놓았는지 강의실에서 쫓겨날 만한 행동을 해도 교수들은 빙글빙글 웃기만 할 뿐이었다. 오히려 그를 상당히 훌륭한 학생이라고 생각하는 것 같았다. 며칠 동안 그를 주의 깊게 관찰한 결과, 나는 다음과 같은 사실을 알아낼 수 있었다. 무엇보다 그는 상대방이 호의적인 반응을 보여주는 것이 당연하다는 것처럼 행동했다. 그것은 그가 다른 사람들이 자기를 좋아할 것이라고 확신했기 때문에 가능했던 일이었다.

레스 기블린의 『상대방을 사로잡는 대인관계술』(2000, 아름다운사회)에 나오는 내용이다. 레스 기블린은 이런 사례와 함께 "상대방이 내가 원하는 대로 행동할 것이라는 암시보다 더욱 강력한 힘은 없다"라는 A. E. 위컴 박사의 말을 소개하며 대인관계에서 명심해야 할 몇 가지 원칙을 말했다.

첫째, 상대방이 우호적으로 대해줄 것이라는 생각을 갖고 행동하라. 둘째, 상대방이 틀림없이 당신을 좋아하게 될 것이라는 자신감을 가지고 대화하라. 셋째, 거울 앞에서 하는 것처럼 상대방은 당신의 태도를 그대로 반영시킨다는 사실을 명심하라.

한마디로 결론은 '기대하는 대로 이루어진다'는 것이다.

영국의 안소니 애스퀴스, 레슬리 하워드 감독이 아일랜드 극작가 조지 버나드 쇼의 희곡을 원작으로 만든 1938년 작 〈피그말리온〉을 한번 보자. 간단하게 줄거리를 소개하면 다음과 같다.

3장 • 만 남 은   인 연 이 지 만   관 계 는   노 력 이 다음성언어학자 헨리 히긴스(레슬리 하워드 분)는 런던 빈민촌에서 꽃을 파는 처녀 엘라이자 두리틀(웬디 힐러 분)을 만난다. 엘라이자는 "자기가 가르치기만 하면 빈민가 처녀도 귀부인처럼 말할 수 있게 된다"는 히긴스의 말을 듣고 자신에게 우아하게 발음하는 방법을 가르쳐달라고 부탁한다. 히긴스 교수는 엘라이자에게 귀부인 행세를 할 수 있을 만큼 우아한 발음법을 가르칠 수 있느냐 없느냐를 놓고 사람들과 내기를 한다. 그리고 엘라이자의 요청을 받아들여 열정을 다해 언어교정 교육을 실시한다. 몇 달 뒤 히긴스 교수의 어머니 집에서 열린 만찬과 대사관 정원파티에 참석한 엘라이자는 완벽한 발음과 외모로 사람들의 시선을 사로잡는다. 하지만 곧 자신이 단순히 내기 대상에 불과했다는 사실을 알게 된 엘라이자는 히긴스 교수의 집을 나가버린다.

널리 알려진 것처럼 '피그말리온'은 그리스 신화에 등장하는 인물이다. 조각가였던 피그말리온은 아름다운 여인상을 만든 후 갈라테이아라는 이름을 붙였다. 그러곤 마치 살아 있는 사람처럼 생각하고 대하며 끝내는 아프로디테 여신에게 그 여인상을 아내로 삼게 해달라고 간절하게 빌었다. 그의 정성에 감동한 아프로디테는 조각상에 생명을 불어넣어 주었고, 피그말리온은 갈라테이아를 신부로 맞이할 수 있었다. 여기에서 '피그말리온 효과'라는 심리학 용어가 탄생했는데, 타인의 기대나 관심으로 인해 능률이 오르거나 결과가 좋아지는 현상을 일컫는다. 타인이 나를 존중하고 기대하는 것이 있으면 그 기대에 부응하는 방향으로 변하려고 노력해 그렇게 되는 것을 의미한다.

이와 비슷한 의미로 '자기이행적 예언self-fulfilling prophecy'이란 용어도 있다. 타인에 대해서 어떤 기대나 신념을 가지면 그 기대에 맞춰 행동하는 경향이 있음을 나타낸 말이다. 호감을 갖고 있는 사람한테서는 계속해서 그 사람의 장점이나 마음에 드는 점만 보이고, 미워하는 사람한테서는 그 사람의 단점이나 미운 점만 눈에 띄는 현상도 자기이행적 예언의 한 유형이라고 말할 수 있다.

1938년 작 〈피그말리온〉은 1964년 오드리 헵번 주연의 뮤지컬 〈마이 페어 레이디〉로도 공연되었는데, 주인공인 엘라이자가 극중에서 이렇게 말하는 장면이 있다.

> 숙녀와 꽃 파는 처녀의 차이점은 어떻게 행동하는가에 있는 것이 아니라 어떻게 대접받는가에 달려 있습니다. 나를 꽃 파는 처녀로 대하는 히긴스 교수에게 나는 꽃 파는 처녀로 행동하게 되지만, 나를 숙녀로 대해주는 피커링 대위 앞에서 나는 숙녀가 됩니다.

대인관계에서 피그말리온 효과는 중요한 영향을 끼친다. 우리가 무엇을 기대하느냐에 따라 상대방의 행동이 결정되기 때문이다. 엘라이자의 말처럼 꽃 파는 처녀로 기대 받으면 꽃 파는 처녀처럼 행동하고, 숙녀로 기대 받으면 숙녀처럼 행동하는 것이다.

사람은 사회 속에서 자녀, 부모, 친구, 상사, 부하, 교사, 학생 등과 같은 다양한 사회적 지위를 가지고 살아간다. 그리고 이러한 사회적 지위는 필연적으로 일정한 역할의 수행이 기대된다. 부모는 부모로서, 상사는 상사로서, 교사는 교사로서, 학생은 학생으로서의 역할이 요구되는 것이다. 독일의 사회학자 다렌도르프Ralf Gustav Dahrendorf에 의하면 역할 기대는 강제성 여부에 따라 세 가지로 나누어진다.

* 법적 기대 : 사회에서 반드시 지켜야 할 것으로 어기면 법적 제재를 받게 된다.
예) 회사에서의 적법한 회계 처리

* 사회적 기대 : 법적인 구속력은 없지만 사회적인 제재를 받을 수 있다.
예) 환경보호운동 참여

* 용인적 기대 : 반드시 지켜야 하는 것은 아니지만 가능한 지킬 것을 권장 받는다.
예) 자녀와의 친밀한 스킨십

오래전 일이다. 어느 날 아침, 잠자리에서 일어나 보니 고등학교에 재학 중인 딸이 책상 위에 메모 한 장을 써놓았다.

Daddy, I love you! ♥

Have a good day. Thank you so much. You are a good father!

— Hee Jin

며칠 전부터 음악학원 보컬 반에 등록을 시켜달라고 조르더니 그날은 편지까지 써놓고 등교한 것이다. 이 글을 읽고 난 후 나는 꼼짝없이 딸아이의 부탁을 들어줄 수밖에 없었다. 나를 좋은 아빠Good father라고 적어놓았는데 만약 승낙을 안 해준다면 졸지에 나쁜 아빠Bad father로 전락해버릴 것이 틀림없었기 때문이다. 결국 피그말리온 효과가 강력하게 작용한 셈이다. 딸이 나를 좋은 아빠라고 기대하니, 나 또한 딸의 기대에 맞춰 좋은 아빠의 역할을 충실하게 하고자 했기 때문이다.

윈스턴 처칠은 "다른 사람이 덕을 행하도록 하려면 그가 덕이 있는 사람이라고 믿기만 하면 된다"고 했다. 좋은 인간관계를 위해서는 나에 대한 기대감을 형성하는 것도 중요하지만, 반대로 내가 상대방에게 기대감을 갖는 것도 매우 중요하다. 첫째, 앞에서도 말한 것처럼 피그말리온 효과에 의해 상대방은 내가 기대하는 대로 행동하기 때문이다. 둘째, 자기이행적 예언의 효과에 의해 상대방에 대한 기대를 갖고 있으면 나의 행동이 변하고, 나의 변화된 행동은 상대방에게 영향을 미쳐 내가 기대하는 대로 행동하게끔 만들기 때문이다.

누군가에게 우호적인 관계, 우호적인 행동을 원하면 그가 우호적으로 행동할 것이라고 기대하라. 나는 당신이 많은 사람에게 이 책을 추천해줄

것을 기대한다. 트위터와 페이스북, 블로그, 인터넷 서점에 우호적인 서평
을 올려줄 것을 기대한다.

기대하라! 기대하는 대로 이루어지리라.

29

꽃이 진다고 바람을 탓하랴

큰스님이 한 젊은이를 제자로 받아들였다. 그런데 제자는 자신의 일에 만족하지 못하고 항상 불평불만을 늘어놓기 일쑤였다. 이를 본 큰스님이 하루는 제자에게 소금 한 줌을 가져오도록 시켰다. 그러고는 소금에 물컵에 털어 넣더니 그 물을 마시게 한 다음 제자에게 물었다.

"맛이 어떠냐?"

"몹시 짭니다."

큰스님은 다시 근처 호숫가로 제자를 데리고 갔다. 소금 한 줌을 호수에 뿌리고 휘휘 저은 다음 컵으로 호수의 물을 떠서 제자에게 마시게 했다.

"맛이 어떠냐?"
"시원합니다."
"소금 맛이 느껴지느냐?"
"안 느껴집니다."

그러자 큰 스님은 이렇게 말했다.
"인생의 고통은 소금과 같다. 그런데 짠맛의 정도는 소금 자체가 아니라 소금을 담는 그릇의 크기에 따라 달라지는 법이다. 지금 네가 고통 속에 있다면 컵이 되지 말고 호수가 되어야 한다."

'일체유심조一切唯心造'라는 말이 있다. '모든 것은 오로지 마음이 지어내는 것'이라는 뜻인데, 익히 알려져 있듯이 신라 고승 원효에 얽힌 일화가 유명하다. 의상과 함께 당나라 유학길에 오른 원효는 중국 당항성唐項城 인근 한 무덤 앞에서 잠을 자게 되었다. 한밤중에 갈증을 느껴 무덤 옆 바가지에 담겨 있는 물을 마셨는데, 날이 밝은 후에 다시 살펴보니 그것은 해골에 괴어 있는 물이었다. 원효는 사물 자체에는 정淨도 부정不淨도 없고 모든 것은 오로지 마음에 달려 있다는 사실을 깨닫고 당나라로의 유학을 포기하고 신라로 돌아간다.

이처럼 모든 것이 오직 내 마음에 달린 것이라면, 이 책을 통해 우리가 알아보고자 하는 좋은 인간관계의 비결은 어떨까? 마찬가지다. 선연과 악연은 따로 있는 것이 아니라 오직 내 마음에 달려 있다.

조선의 태조 이성계가 무학대사에게 농담을 건넸다.
"스님은 생김새가 꼭 돼지를 닮았습니다."
그러자 무학대사가 빙그레 웃으며 이렇게 대꾸했다.
"대왕께서는 꼭 부처님처럼 생기셨습니다."
무학대사의 말을 듣고 깜짝 놀란 이성계가 물었다.
"나는 스님을 돼지에 비유했는데, 어찌하여 스님은 나를 부처
님과 닮았다고 말하는 게요?"
무학대사는 얼굴에 미소를 가득 띠며 이렇게 말했다.
"부처의 눈에는 모두 부처로 보이고, 돼지의 눈에는 모두 돼지
로 보이는 법입니다."

인간관계는 내 마음에 달려 있다. 타인을 부처로 보면 부처의 인연이 맺어지는 것이요, 돼지로 보면 돼지의 인연이 맺어지는 것이다. 내가 정淨이라고 생각하면 정淨이 되고 내가 부정不淨이라고 생각하면 부정不淨이 되는 것이 바로 인간관계다.

사람은 사회적 동물이다. 타인과 더불어 살다 보면 사람 때문에 고통

3장 · 만 남 은 인 연 이 지 만 관 계 는 노 력 이 다

받는 일이 자주 생겨난다. 다른 사람의 가시 돋친 말과 행동 때문에 고통을 받고, 다른 사람의 무관심 때문에 상처를 받고, 다른 사람의 무책임한 말과 행동 때문에 피해를 입는다. 이러한 고통과 상처의 일차적인 원인은 타인이나 외부에 있지만, 큰스님 말씀대로 어떤 크기의 그릇으로 받아들이느냐에 따라 고통의 정도와 상처의 깊이가 달라지게 마련이다.

한번은 휴먼네트워크연구소 강사양성 과정 시범 강의가 있었는데, 한 교육생이 이렇게 말했다.

"사람과 사람이 왜 싸우는지 아세요? 그릇의 크기가 같기 때문입니다. 똑같은 크기의 그릇이 서로 끼게 되면 잘 빠지지 않죠. 그러나 한 그릇이 다른 그릇보다 크면 서로 끼여서 빠지지 않는 일은 발생하지 않습니다. 다른 사람과 갈등이 생기는 이유도 마찬가지입니다."

그렇다! 결국 인간관계에서 생겨나는 갈등은 대부분 내 그릇의 크기가 상대방과 똑같기 때문에 발생하는 것이다. 내가 조금이라도 더 상대방보다 이해심이 많고, 내가 조금이라도 더 상대방보다 배려심이 많고, 내가 조금이라도 더 상대방보다 포용력이 크다면 절대로 갈등은 발생하지 않을 것이다. 두 사람의 그릇의 크기가 똑같다 보니 서로 잘났다고, 서로 내 책임이 아니라고, 서로 상대방이 더 문제라고, 서로 더 많이 차지하겠다고 마찰을 빚는 것이다.

좋은 인간관계의 비결은 먼저 내 그릇의 크기를 키우는 데 있다. 누군가의 말이나 행동에 상처를 받는 것은 내 그릇의 크기가 작기 때문이다. 다른 사람의 장점을 시기하고 질투하는 것은 내가 아직 덜 익었다는 뜻이며, 다른 사람의 단점을 보는 것은 내 자신이 단점이 많다는 증거다.

조지훈의 시 「낙화」를 보면 '꽃이 진다고 바람을 탓하랴'라는 구절이 나온다. 꽃이 진다고 바람을 탓할 수는 없는데, 내 그릇의 크기가 작으면 바람을 탓하게 된다. 누군가와 문제가 생기면 상대방을 탓하게 된다. 그렇지만 바람이 불지 않아도 꽃은 지게 마련이다. 사람과의 관계에서 문제가 생기면 다른 사람들을 탓하기보다는 내 그릇이 작은 탓이라고 생각하는 것이 바람직하다. 아랫사람과 관계가 좋지 못하면 나의 리더십에 문제가 있는 것이요, 동료와의 관계가 좋지 못하면 나의 파트너십에 문제가 있는 것이요, 윗사람과의 관계가 좋지 못하면 나의 팔로우십에 문제가 있는 것이다. 아내와의 관계가 좋지 못하면 나의 스킨십에 문제가 있는 것이라 생각해야 한다.

모든 것은 일체유심조다. 그러니 먼저 내 그릇의 크기를 키우라. 돼지의 눈에는 돼지만 보이고, 부처의 눈에는 부처만 보인다.

나는 당신이 할 수 없는 일을 할 수 있고, 당신은 내가 할 수 없는 일을 할 수 있다.
따라서 우리는 함께 큰일을 할 수 있다.

/ 테레사 수녀 /

30

누군가에게 상처를 주고 있다면

젊은 시절, 벤저민 프랭클린이 이웃에 사는 노인 집을 방문했다. 볼일을 마치고 돌아오려는데 노인이 지름길을 알려주었다. 프랭클린이 그 길을 따라 걸어오는데 갑자기 노인이 큰 소리로 외치기 시작했다.

"고개를 숙이게, 고개를 숙여."

그렇지만 이미 프랭클린은 머리를 거세게 부딪치고 말았다. 지름길 중간에 천장보다 낮은 들보가 가로놓여 있었던 것이다. 노인은 프랭클린에게 다가와 이렇게 말했다.

"젊은이, 자네는 지금 매우 유익한 교훈 한 가지를 얻었네. 앞으로

세상을 살아갈 때는 머리를 자주 숙이게. 그만치 부딪치는 일이 없
어질 걸세."

벤저민 프랭클린은 미국 초대 정치인 중 한 명이다. 그는 미국 독립전
쟁 때 프랑스의 경제적·군사적 원조를 얻어냈고, 영국과의 협상에 미국
대표로 참석하여 13개 식민지를 하나의 주권국가로 승인하는 조약을 맺
었다. 특히 토머스 제퍼슨과 함께 작성한 「미국독립선언문」은 역사에 길
이 남을 업적이다. 아울러 과학자로서도 왕성한 활동을 전개하여 피뢰침,
다초점 렌즈 등을 발명했다. 벤저민 프랭클린의 자서전은 미국에서 성경
다음으로 가장 많이 읽히는 책이며 100달러 지폐에도 그의 얼굴이 실려
있다.

그렇지만 벤저민 프랭클린의 출신이나 학력은 결코 화려하지 않았다.
그는 가난한 집안의 15번째 자식으로 태어났으며, 열 살 때는 집안 형편
으로 학교를 그만두고 형의 인쇄소에서 일을 배우기 시작했다. 열일곱 살
때는 집에서 가출해 필라델피아로 떠났는데 그곳에서 무일푼으로 인쇄
업을 시작한 것으로 전해진다.

이렇게 열악한 환경에서 성장하며 정규교육은 2년밖에 받지 못한 그
가 역사적으로 존경받는 인물이 될 수 있었던 이유는, 평생에 걸쳐 올바
른 성품을 함양하기 위해 부단한 노력을 기울였기 때문이다. 사실 젊었을
때의 벤저민 프랭클린은 자주 다른 사람을 비난하고 잘난 척을 많이 하곤
했다. 그러던 어느 날, 한 친구로부터 "벤저민, 너는 다른 사람들에게 모욕

3장·만남은 인연이지만 관계는 노력이다

을 주고 공격적인 말을 자주 하기 때문에 아무도 좋아하는 사람이 없어. 뿐만 아니라 너무 유식한 척해서 아무도 너와는 말하려고 하지 않아. 불행하게도 너는 지금 알고 있는 얄팍한 지식 외에는 더 이상 발전할 수 없을 거야"라는 조언을 들은 후 자신의 거만한 태도를 바꾸기로 결심했다.

그는 겸손을 포함한 13가지 인생지침을 선정해 수첩에 적어놓았다. 그리고 매일 밤 각각의 계율과 관련해 잘못한 것이 있으면 해당란에 점을 찍는 방법으로 실천해나갔다. 그가 만든 13가지 인생지침은 다음과 같다.

1. 절제 Temperance : 배부르도록 먹지 마라. 취하도록 마시지 마라.

2. 침묵 Silence : 다른 사람이나 나에게 도움이 되지 않는 말은 삼간다. 즉 자타에 이익이 없는 말을 하지 마라. 쓸데없는 말은 하지 마라.

3. 질서 Order : 물건은 제자리에 두어라. 일은 정한 시간에 해라.

4. 결단 Resolution : 해야 할 일은 과감히 결심해라. 결심한 일은 반드시 실행해라.

5. 절약 Frugality : 비싼 것은 사지 않고, 낭비하지 않는다. 즉 자타에 이익이 없는 일에는 돈을 쓰지 말 것.

6. 근면 Industry : 시간을 아끼고 불필요한 일은 하지 않는다. 유익한 일에 종사하고 무용한 행위는 끊어버려라.

7. 성실 · 진실 Sincerity : 남을 해치지 않으며 속이지 말고, 편견을 버리고 공정하게 생각해라. 모든 언행은 공정하게 해라.

만 남 의 지 혜

8. 정의Justice : 남의 권리를 침해하지 않고 나의 의무를 다한다.

9. 중용Moderation : 극단적인 것은 피한다. 내게 죄가 있다고 생각하거든 남의 비난과 불법을 참아라.

10. 청결Cleanliness : 몸, 옷, 집이 불결한 것은 결코 용납하지 않는다.

11. 평정Tranquility : 사소한 일, 불가피한 일에 대하여 화나 짜증을 내지 않는다.

12. 순결Chastity : 건강한 자손을 위해서만 부부생활을 해라. 감각이 둔해지고 몸이 쇠약해지고 부부의 평화가 깨지고 소문이 나빠지도록 해서는 안 된다.

13. 겸손Humility : 예수와 소크라테스를 본받고 배워라.

13개 덕목을 일주일에 한 가지씩 실천하면 1년에 네 번을 반복하게 된다. 벤저민 프랭클린은 이러한 훈련을 통해 도덕적으로 완벽해져 갔고, 마침내 50년 동안 한 번도 독선적인 말을 해본 적이 없는 사람으로 바뀌었다. 한때 타인과의 논쟁을 즐기던 프랭클린은 훗날 이렇게 말했다.

"만일 당신이 다른 사람에게 따지고 상처를 주고 반박을 한다면 때때로 승리할 수도 있을 것이다. 하지만 그것은 공허한 승리에 불과하다. 왜냐하면 다시는 결코 상대방으로부터 호의를 얻어내지 못할 것이기 때문이다."

벤저민 프랭클린이 역사적 인물로 존경받게 된 것은 이처럼 스스로의 성품을 올바르게 함양하기 위해 피나는 노력을 한 덕분이다.

　미국 초대 대통령 조지 워싱턴 또한 마찬가지였다. 열네 살이 되던 무렵, 조지 워싱턴은 페어팩스에 있는 집에서 우연히 『사람과 사물을 대하는 방법』이라는 책을 발견했다. 그것은 당시 영국 상류사회에서 유행하던 책으로 도덕규범에 관한 110가지 조항을 담고 있었다. '친구를 사귈 때는 친구에 대한 진지함과 존중을 보여줘야 한다', '다른 사람 앞에서 이를 쑤시지 마라', '뒤에서 남을 험담하지 마라', '다른 사람이 곤경에 처하면 적극 도와주고, 남의 슬픔을 기뻐하지 마라' 등. 자신의 삶에 이러한 원칙들이 절실히 필요하다고 느낀 워싱턴은 그 책을 빌려다가 한 글자도 빠짐없이 노트에 옮겨 적었다. 그런 다음 참된 인간이 되기 위해 필요하다고 생각되는 원칙들을 다시 작은 수첩에 적은 후 어디를 가나 항상 몸에 지니고 다녔다. 거기에는 양심, 신용, 우애, 책임, 예절의 중요성, 말을 어떻게 할 것인가, 행동은 어떤 방식으로 할 것인가, 일을 어떻게 처리할 것인가를 포함해 기타 조지 워싱턴이 지향한 도덕적 삶의 지표와 구체적인 실천 방법들이 적혀 있었다.

　윌리엄 제임스는 이렇게 말했다.

　"생각이 바뀌면 행동이 바뀌고, 행동이 바뀌면 습관이 바뀌고, 습관이 바뀌면 인격이 바뀌고, 인격이 바뀌면 운명이 바뀐다."

　아마도 이 말에 적합한 사례가 벤저민 프랭클린과 조지 워싱턴이 아닐까 싶다. 두 사람 모두 자신들의 습관을 바꿔 인격 수양을 위해 노력했고, 그 결과 운명이 바뀐 것이다. 우리가 이 책에서 알고자 하는 인간관계의 비결 역시 마찬가지다. 우리의 생각이 바뀌면 행동이 바뀌고, 행동이 바뀌면 습관이 바뀌고, 습관이 바뀌면 인격이 바뀌고, 인격이 바뀌면 우리의 인간관계가 바뀌는 것이다.

짧게 말하자면 근본적인 인간관계 개선을 위해서는 벤저민 프랭클린이나 조지 워싱턴처럼 지속적인 훈련이 필요하다. 프로 골퍼 최경주는 이렇게 말했다.

"타이거 우즈가 나보다 성적이 좋은 이유는 나보다 더 열심히 연습하기 때문이다."

나는 이렇게 바꿔 말하고 싶다.

"벤저민 프랭클린의 인간관계가 우리보다 뛰어난 이유는 우리보다 더 열심히 자신의 행동을 주의하고 좋은 습관을 훈련했기 때문이다."

우리도 벤저민 프랭클린이나 조지 워싱턴처럼 대인관계의 지침을 만들어보자. 그리고 일주일에 하나씩 꾸준히 실천해보자. 그렇게 하면 반드시 좋은 인간관계를 맺을 수 있을 것이다. 벤저민 프랭클린은 "인생을 사랑한다면 시간을 낭비하지 마라. 왜냐하면 인생이란 시간 그 자체이기 때문이다"라는 말도 남겼다. 아까운 시간을 낭비하지 말고 지금 당장 실천해보자. 참고로 내가 만든 인간관계를 위한 13가지 덕목과 실천일지를 소개한다.

● 13가지 덕목

1. 관심 : 순수한 관심을 기울인다.

2. 미소 : 밝은 표정, 환한 미소를 짓는다.

3. 인사 : 먼저 인사를 건넨다.

4. 경청 : 이야기를 귀담아듣는다.

5. 공감 : 생각, 감정, 입장을 헤아린다.

6. 배려 : 먼저, 더 많이 베푼다.

7. 존중 : 나이, 지위, 학식에 상관없이 존중한다.

8. 친절 : 친절한 말과 행동으로 대한다.

9. 감사 : 감사하는 마음으로 대한다.

10. 겸손 : 거만하게 행동하지 않는다.

11. 양보 : 자신의 몫, 차례를 양보한다.

12. 인내 : 화가 났을 때 분노를 참는다.

13. 유머 : 항상 웃음과 여유를 갖는다.

만 남 의   지 혜

● 13가지 덕목 실천 일지

	월	화	수	목	금	토	일
관심							
미소							
인사							
경청							
공감							
배려							
존중							
친절							
감사							
겸손							
양보							
인내							
유머							

3장 • 만남은 인연이지만 관계는 노력이다

사람들이 좋아하는 7가지 '짱'

1 얼짱

얼굴이 예뻐야 얼짱인 것은 아니다. 밝은 미소를 잃지 않는 사람, 긍정적인 표정을 짓는 사람도 얼짱이다. 화난 표정, 무뚝뚝한 표정을 보고 좋아하는 사람은 아무도 없다. 외려 내가 뭐 잘못했나 하는 오해만 불러일으킬 뿐이다. 거울은 먼저 웃지 않는다고 했다. 내가 먼저 환하게 웃어보자. 잘 웃는 사람이 진정한 얼짱이다.

2 몸짱

8등신이어야, 근육질 몸매를 가져야만 몸짱인 것은 아니다. 바른 자세를 가진 사람, 당당한 태도의 자신감 넘치는 사람, 말보다 행동이 빠른 사람, 몸이 바지런한 사람도 몸짱이다. 어깨와 허리를 곧게 펴고 머리를 똑바로 들어라. 거만하거나 무기력하게 보이지 말고 열정적이고 활기차게 행동하라. 말보다 중요한 것이 몸이다.

3 말짱

말을 청산유수로 잘한다고 해서 말짱인 것은 아니다. 적극적인 말을 하는 사람, 긍정적인 말을 하는 사람, 유머 있는 말을 잘하는 사람, 따뜻한 말을 건넬 줄 아는 사람이 진정한 말짱이다. 소극적인 말, 부정적인 말, 비관적인 말, 차가운 말을 하기보다는 다른 사람에게 힘과 용기를 주는, 마음에 기쁨과 행복을 주는 말을 하라.

4 맘짱

'마음이 예뻐야 여자'라는 노랫말도 있듯이 마음의 아름다움도 중요하다. 남을 배려하는 마음, 겸손한 마음, 봉사하는 마음을 가진 사람이 맘짱이다. 자신의 말과 행동을 조심하고 다른 사람의 잘못이나 실수를 비판하는 데 인색해져라. 인간관계를 기브 앤 테이크로만 생각하지 말고, 기브 앤 포겟Give & Forge하는 마음으로 조건 없이 먼저 베풀라.

5 배짱

용기 있는 마음으로 도전하는 사람이 배짱이다. 성공에 있어 가장 중요한 것은 좌절을 극복하는 태도다. 넘어져도 일어서는 사람만이 정상에 오를 수 있다. 어려우면 도전하라. 실패하면 도전하라. 불가능하면 도전하라! 인생은 죽는 날까지 멈출 수 없는 도전이다.

6 일짱

즐겁게 일하는 사람, 주어진 일에 최선을 다하는 사람, 자신의 분야에서 최고가 되려고 노력하는 사람이 일짱이다. 단순히 일에 중독되어서는 안 된다. 좋아하는 일을 하라. 신나게 하라. 하고 있는 일을 좋아하라. 그것이 성공이고 행복이다. 즐기는 사람을 이길 수는 없는 법이다.

7 꿈짱

함께 이뤄보고 싶은 꿈, 같이 도달하고 싶은 높은 목표가 있는 사람이 꿈짱이다. 함께 나누는 꿈이 힘을 가질 수 있다. 꿈과 열정을 가지고 하루하루를 뜨겁게, 치열하게 사는 사람은 아름답다. 사람들로 하여금 거기에 동참하고 싶은 생각을 불러일으킨다. 큰 꿈을 가지라.

31

옛 사람이 찾아오면 옳게 산 것이다

제나라 맹상군이 왕의 신임을 잃어버리자 3000명에 이르던 식객들이 모두 떠나가 버렸다. 얼마 후 다시 관직에 복직한 맹상군은 자신에게 되돌아오려는 식객들의 인심을 보며 이렇게 한탄했다.

"내가 어려움에 처했을 때 등을 돌리고 떠나간 식객들이 돌아온다면, 나는 마땅히 그 얼굴에 침을 뱉고 욕을 보이리라."

이 말을 들은 풍환이 맹상군을 찾아가 말했다.

"살아 있는 자는 반드시 죽게 마련이요, 부귀하면 선비가 많고 가난해지면 벗도 떠나가는 것이 세상의 이치입니다. 시장을 보러가는 사람들을 생각해보십시오. 아침에는 문을 다투며 들어가지만 저

246

만 남 의 지 혜

넉에는 뜸해집니다. 이는 아침을 좋아하고 저녁을 싫어하기 때문이 아니라 자신들이 원하는 물건이 없기 때문입니다. 식객들이 떠난 것도 마찬가지 연유이니 부디 그들을 예전과 마찬가지로 대우하여주십시오."

맹상군은 두 번 절하며 풍환의 가르침에 따를 것을 약속했다.

세상에 가장 가벼운 것 중 하나가 인심이다. 맹상군이 권세를 누릴 때는 3000명에 이르던 식객이, 맹상군이 하루아침에 관직을 잃자 모두 등을 돌리고 떠나가버린다. '정승집 개 죽은 데는 문상 가도 정승 죽은 데는 안 간다'라는 옛말과 일맥상통하는 이야기일 것이다. 그렇지만 풍환의 말처럼 이러한 세태가 세상 돌아가는 이치요, 척박한 삶을 살아가는 사람들의 순리라면 그것에 대해 거부하거나 분노하기보다는 자연스럽게 받아들이는 편이 현명할 것이다.

내게도 비슷한 경험이 있다. 첫 직장에서 노동조합위원장으로 당선되자 회사의 간부들 중에서 나와 친분을 맺고자 애쓰던 사람들이 많았다. 그런데 몇 년 후 선거에서 낙선을 하고 나니 이제는 안면이 있다는 사실조차 부정하는 듯했다. 그런 사람들의 모습을 보며 큰 실망을 느꼈던 적이 있다. 그때 만약 풍환의 가르침을 알고 있었다면 사람들에 대한 원망의 마음이 적었을 텐데……. 아쉬운 일이다.

『후한서後漢書』「응봉전應奉傳」을 보면 이런 이야기 나온다.

3장 · 만남은 인연이지만 관계는 노력이다

허난성河南省에 옹봉應奉이라는 학자가 살았는데 기억력이 매우 비상하여 한번 본 것은 절대로 잊어버리지 않았다. 옹봉이 스무 살이 되던 무렵, 하루는 팽성彭城 태수를 찾아갔는데 급한 용무로 외출 중이라 만날 수가 없었다. 옹봉이 난감해하고 있는데 하급 관원 한 사람이 물었다.

"태수는 무슨 일로 만나려고 하시오?"

옹봉은 관원에게 자신이 찾아온 용건을 간략하게 설명했다.

"지금은 태수께서 출타 중이시니 나중에 말씀을 전해 올리리다."

옹봉이 답례를 마치기도 전에 관원은 문을 닫고 들어가버렸다.

그로부터 수십 년이 지난 후, 옹봉은 우연히 길을 가다가 어떤 사람을 발견하고 반색을 하며 말을 걸었다.

"안녕하십니까? 정말 오랜만입니다."

처음 보는 얼굴인데 자신을 오래된 친구처럼 반갑게 대하는 옹봉을 보고 상대방은 눈이 휘둥그레졌다.

"미안합니다만, 누구신지……?"

"오래전 팽성 태수를 만나러 갔는데 마침 자리를 비우고 없어 헛걸음을 한 적이 있지요. 그때 저에게 참 친절하게 대해주셨는데 기억이 나질 않으십니까?"

옹봉이 뛰어난 기억력을 되살려 자초지종을 설명해주었지만 상대방은 여전히 미심쩍은 표정으로 고개만 갸웃거릴 뿐이었다.

만 남 의   지 혜

한자성어 '반면지교半面之交'에 얽힌 이야기다. '일면짜리도 못되는 교분'이란 뜻으로 서로 겨우 알기만 할 뿐 아직 교제가 긴밀하지 못한 사이를 일컫는데 다른 말로는 반면식半面識, 일면식一面識, 일면지교一面之交, 반면지분半面之分이라고도 한다.

여기서 좋은 인간관계를 맺기 위한 마지막 비결, 원칙을 손꼽자면 나는 이렇게 말하고 싶다.

"한 번 인맥은 영원한 인맥으로 만나라."

이를 위해 세 가지 관점에서 설명하고자 한다.

첫째, 어렵다고 멀리하지 말라. 맹상군이 잘나간다고 가까이 하고 어렵다고 멀리한다면, 그가 다시 관직에 복귀했을 때 어떻게 좋은 인연을 유지할 수 있겠는가? 꼭 관직에 복직하지 않더라도 마찬가지다. '친구의 잔치에는 천천히 가되 불행에는 황급히 가라'는 실론(스리랑카) 속담처럼 진정한 친구란 기쁨과 즐거움보다는 슬픔과 어려움을 함께 나눠야 얻을 수 있다.

둘째, 잘나간다고 멀리하지 말라. 흔히 사람들은 잘나갈수록 예전에 사귀던 친구들을 멀리하고 새로운 사람들과 어울리는 경향이 있다. 그렇지만 이는 조강지처를 버리고 새 애인을 사귀는 것과 비슷하다. 옛 사람을 찾아가면 옳게 사는 것이요, 옛 사람이 찾아오면 옳게 산 것이라는 말을 기억하고 잘나갈수록 옛 사람을 더욱 소중하게 대해야 한다.

셋째, 반면지교의 만남도 멀리하지 말라. 사람의 인연이란 참으로 오묘하여 언제 어디서 어떤 관계로 다시 만날지 모른다. 스쳐 지나가는 만남이 훗날 매우 귀한 인연으로 이어지기도 하며, 때로는 나의 목숨을 구해 주기도 한다. 그것이 사람의 인연이고 인생이다.

내 경우에도 얼마 전 신기한 일이 있었다. 대학에 다닐 때 살던 자취방의 주인집 자매를 23년 만에 우연히 만난 것이다. 지하철 신문《포커스》에 연재 중인 「양광모의 출근길 1분 명언」을 보고 연락을 했다고 한다. 당시만 해도 중학생, 초등학생이었던 아이들이 지금은 벌써 중년의 주부가 되어 있었다. 며칠 전에는 자녀가 다니는 학교에 나를 추천해 학부모들을 대상으로 '사회성 강한 아이로 키우는 법'에 대해 강의도 했다. 이런 일들을 경험할 때마다 느끼는 일이지만, 옹봉의 반면지교를 비웃기보다는 한번 인연을 맺은 사람과는 평생 관계를 지속시켜 나가려는 생각이 보다 바람직한 태도가 아닐까 싶다.

이 책을 통해 지금까지 이야기한 내용을 한 문장으로 적는다면 '만남은 인연, 관계는 노력'이다. 좋은 인간관계에 왕도란 없다. 선연과 악연도 없다. 어디까지나 나 하기 나름이며, 내가 어떤 노력을 기울이느냐에 따라 달라진다.

어렵게 생각할 필요 없다. 더도 말고 덜도 말고 오직 한 가지, 앞에서 설명한 13가지 덕목을 매주 한 가지씩만 실천하라. 그렇게 한다면 지금 당장은 아니더라도 1년 뒤, 3년 뒤에는 틀림없이 좋은 인간관계를 맺고 최고의 인맥을 형성할 수 있을 것이다.

언제든 궁금한 사항이 있으면 내게 연락하시라. 독자 여러분의 앞날에 건강과 행운이 함께하길 기원한다.

만 남 의   지 혜

만남의 지혜
서툰 사람들의 인간관계를 열어주는 31가지 비밀

초판 1쇄 2013년 6월 17일

지은이 | 양광모

발행인 | 김우석
제작총괄 | 손장환
편집장 | 원미선
책임편집 | 김혜연
디자인 | 권오경 김효정
마케팅 | 김동현 신영병 김용호 이진규
제작 | 김훈일 박자윤 임정호
홍보 | 이효정

발행처 | 중앙북스(주) www.joongangbooks.co.kr
등록 | 2007년 2월 13일 제2-4561호
주소 | (121-904) 서울시 마포구 상암동 1651번지 상암디지털미디어시티 DMCC 20층

구입문의 | 1588-0950
내용문의 | (02) 2031-1382
팩스 | (02) 2031-1399
홈페이지 | www.joongangbooks.co.kr
페이스북 | www.facebook.com/hellojbooks

ⓒ 양광모, 2013

ISBN 978-89-278-0445-1 03320